借り方　返し方　活かし方

徹底アドバイス

奨学金まるわかり読本 2021

奨学金アドバイザー
久米忠史

合同出版

はじめに

2005年に奨学金アドバイザーとして活動を始めてから15年が過ぎました。このような仕事を決してめざしたわけでもなく、いくつかの偶然が重なった結果、奨学金について調べ、書き、伝えることになり、それが現在まで続いています。

日本の公的な奨学金制度は、太平洋戦争中の1943年に始まり、80年近くの歴史がありますが、世間で注目されるようになったのはこの10年ほどではないでしょうか。しかも、その注目のされ方には批判的な意見が多く、理由は先進国のなかで日本だけが貸与型（学生ローン）のみで国の奨学金が運営されてきた点に集約されます。

しかも、奨学金希望者の多くが高校3年生の段階で高校を通して申請しており、それが高校現場の大きな負担となっています。奨学金業務に関わる教員からは、これは教員がやるべき仕事なのか、制度が複雑過ぎてわからない、といった現場の声をよく耳にし、多くの高校教員が奨学金制度の運営体制に不満を持っていることを感じます。

2020年度から国の給付型奨学金が大幅に拡充されるうえ、大学や専門学校の授業料の減免制度が始まります。また、同じく2020年度からは私立高校に通う家庭への「就学支援金」の上限額の引き上げと世帯年収枠が緩和されることになりました。高校生の子を持つ保護者の奨学金への関心度はますます高まっていくと思われます。

私は、毎年100回以上の講演を全国各地の高校で行っていますが、「奨学金を借りましょう。貰いましょう」というスタンスではありません。貸与型奨学金は子どもの背負う学生ローンなので「利用するならば、親子で正しく仕組みを理解してほしい」「何のために進学するのか、進学する意義を何度も話し合ってほしい」というのが一貫した考えです。

歴史上ないペースで急速に進む少子化、首都圏への人口一極集中などの影響を受け、とくに地方の大学や専門学校では生き残り競争が激化しています。

日本の高等教育を私立学校が支えている以上、学校経営を重視する姿勢を一方的に批判するつもりはありません。むしろ直接・間接的に税金が投じられる機関ほど、民間感覚を意識することは大切です。しかし、行き過ぎた営利主義は〝教育の質〟そのものまでをも壊しかねません。

２０１９年、東京福祉大学が研究生として受け入れた留学生１６００名が所在不明、７００名が退学処分となったことが多くのメディアで報じられました。さすがにこの一件は悪質過ぎるとしても、大学や専門学校が留学生獲得に力を入れる動きは以前から知られています。本来なら教育市場から退場してもらうべき学校が、留学生や日本人学生が背負う多額の借金により生きながらえるとすれば本末転倒で、学生にとっても日本の将来にとっても良い結果につながらないと考えます。

高等教育の無償化政策の財源には、広く国民が負担する消費税が充てられます。もっとも大切なことは、自分の成長につながる学校と出会えるかどうかです。そのためには、自分の物差しを持ち、良い意味で学校を疑うことだと思います。

本書が、奨学金の仕組みを正しく理解し、子どもたちの幸せにつながる進路選びの一助になることを願っています。

奨学金アドバイザー　久米忠史

もくじ

2020年度スタート！
最新奨学金制度の要点

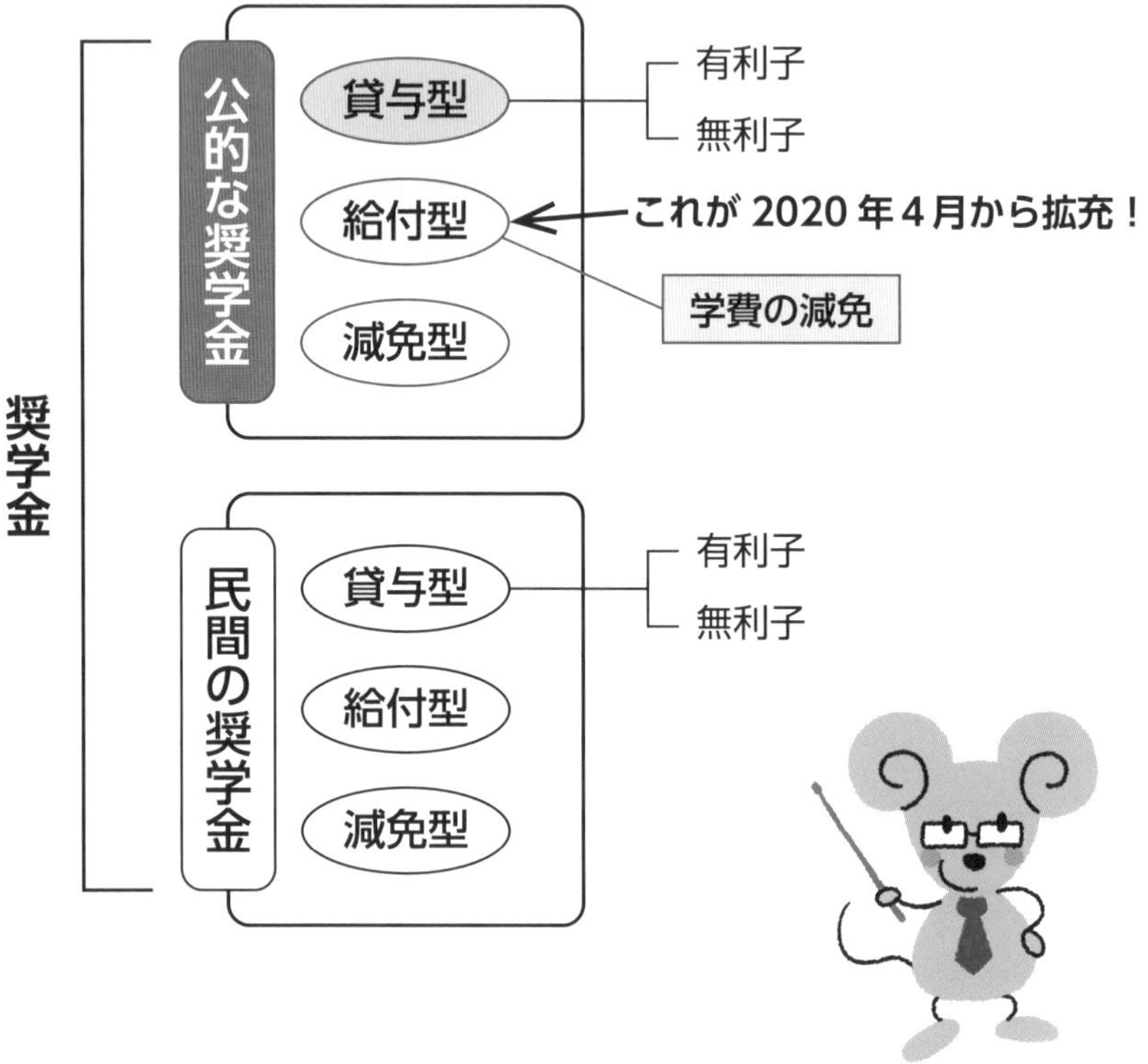

- 成績が 3.5 以上または学修意欲のあること。
- 住民税非課税世帯とそれに準ずる家庭が対象。
- 貸与型奨学金とも併用できる。
- 大学入学後の学生も対象となる。
- 給付型奨学金と学費減免制度はセットと考える。
- 給付型奨学金も学費減免制度も認定校に進学する人が対象。

Part 1

おさえておきたい新制度５つのポイント

はじめに●奨学金って何だ？

国の奨学金事業は日本学生支援機構が担う

国が行う奨学金の歴史は、1943年の「大日本育英会」から始まります。1943年というと太平洋戦争（1941～1945年）のまっただ中であり、奇しくもそれまで徴兵が猶予されていた大学生も戦場に送られる「学徒出陣」が始まった年でした。

奨学金制度の創設にあたっては、「貸与型」か「給付型」かの議論がありましたが、財政上の問題などから「無利子の貸与型」で始まりました。その後、1953年に「日本育英会」に名称が変更され、ながらく国の奨学金事業を行ってきました。現在の保護者世代にとって奨学金と聞けば、「日本育英会」の名がなじみ深いはずです。

さらに、奨学金は無利子貸与でありつつも、借りた金額の一部だけを返済すればよい「特別貸与」や、教員、研究職などの特定職に就けば返済が免除される実質的な給付措置がありました。現在40代半ば以上の教員の中には、その恩恵を受けた人も多いでしょう。しかし、今では、大学院生向けの一部を除き、返済免除特典はすべて廃止されています。

奨学金制度が大きく変わるきっかけとなったのが、日本育英会時代の1984年に導入された「有利子奨学金」です。大学進学率と学費がともに上昇するなか、奨学金のニーズが高まり、無利子に加えて有利子奨学金が設けられました。ただし、1998年までは有利子が占める割合は低く、無利子奨学金を補完する位置づけでした。

その後、採用基準を緩和し採用枠も拡大した有利子奨学金「きぼう21プラン」が1999年に創設されて以降、有利子枠が拡大され、2001年には金額規模では有利子が無利子を上回り、それが現在まで続いています。現在、国の奨学金事業は「日本育英会」から、2004年に設立された「日本学生支援機構」に移行されています。

日本の奨学金は新たな方向へ

数年前から、奨学金に関する報道が増えています。貧困、ブラック企業、格差の拡大など、これからの社会を支える若い世代を取り巻く社会問題につながる要因に〝奨学金〟を挙げる声が広がっています。選挙権年齢が18歳に引き下げられたことも影響したのか、与野党を問わず奨学金を政策課題に掲げる政党が増えてきました。

有利子貸与が主流の日本の奨学金も少しずつ新たな方向に進み始めています。政府の方針のもと、2016年には無利子枠の拡大と住民税非課税世帯の成績基準が実質撤廃されました。さらに、翌2017年には同世帯に対する給付型奨学金が創設されました。

そして2020年度からは、高等教育無償化政策として、低所得世帯への給付型奨学金の大幅拡充と学費の減免制度が始まります。収入基準が厳し過ぎるとの声が聞こえますが、ひとり親世帯や地方エリアでは恩恵を受けられる家庭は多いはずです。

新たな給付型奨学金制度の次には、もっとも層の厚い中間所得世帯への支援がテーマとなるでしょう。そこでは、〝高等教育の社会的意義〟についても同等に議論することが大切だと考えます。

表❶ 日本の奨学金制度の変遷

年	奨学金制度	背景・詳細
1943（昭和18）年	財団法人大日本育英会創設	無利子の貸与型奨学金により奨学金事業をスタート
1953（昭和28）年	日本育英会に名称変更	
1984（昭和59）年	財政投融資資金を活用した有利子奨学金の創設	
1999（平成11）年	「きぼう21プラン奨学金」（第二種奨学金）発足	従前の第二種奨学金に代わる新しい利息付きの仕組みとなり、貸与人員の大幅増や採用基準の緩和、貸与月額の選択性の導入などの改善が行われた
	「緊急採用奨学金制度」（第一種奨学金）を創設	家計急変者を対象とした無利息の奨学金を創設
2003（平成15）年	「入学時特別増額貸与奨学金制度」（第二種奨学金）を創設	
2004（平成16）年	独立行政法人日本学生支援機構設立	日本育英会の奨学金貸与事業、日本国際教育協会・内外学生センター・国際学友会・関西国際学友会の各公益法人において実施してきた留学生交流事業、国が実施してきた留学生に対する奨学金の給付事業や学生生活調査等の事業を整理・統合
2017（平成29）年	初の給付型奨学金事業を開始 無利子奨学金において所得連動返還型奨学金を導入	
2020（令和2）年	給付型奨学金の大幅拡充 学費減免制度を導入	

2020年度開始●高等教育の無償化政策

給付型奨学金の拡充と学費の減免制度

2019年5月10日、「大学等における修学の支援に関する法律」が成立しました。これは、一般的には「高等教育無償化法」や「大学無償化法」と呼ばれています。返済不要の給付型奨学金を大幅に拡充するほか、大学や短大、専門学校などの入学金や授業料を減免する制度が2020年度から開始されます。給付型奨学金は2017年度から導入されていましたが、2018年度の予算規模は新規の採用枠約2万人に対して87億円程度でした。これに対して新制度では、最大7600億円もの予算が見込まれています。

文部科学省の資料から新制度の概要を見ると、従来の給付型奨学金の最大年間支給額が48万円であるのに対して、新制度では約91万円まで増額されます。しかも、従来の制度では対象者の半数程度しか採用されない選抜型でしたが、新制度では基準を満たせば100％採用されます。さらに給付型奨学金に加えて、入学金と授業料などの学費も減免されるので、国公立であれば実質ゼロ円で進学できることになります。

低所得世帯を対象とした無償化政策である

では、肝心の適用条件はどうなのか？　詳細は14ページで解説しますが、対象は「住民税非課税世帯」と「それに準ずる世帯」に限られています。そのため、数としては多数を占める中間所得世帯は対象外となっています。2020年度から始まる新制度は、低所得世帯を対象にした高等教育無償化政策といえます。

財源はどうするのか？　これには2019年10月から実施された消費増税分から充てられます。つまり、広く国民みんなが費用を負担する形です。

もうひとつ忘れてはならないのが、制度の目的です。意外に思われるかもしれませんが、今回の取り組みの目的は少子化対策なのです。これは、現在の保護者に対する少子化対策なのか、それとも支援を受ける子どもたち世代の少子化対策なのか？　前者であれば、中間所得層への支援も欠かせないはずですし、後者であれば、その効果を検証できるのが10年以上先の話となるでしょう。

今回の新制度により、希望が広がる家庭が増えることをうれしく思います。給付型奨学金と学費の減免支援を受けて進学した以上は、それを決してむだにしないように真面目に学んでほしいと思います。

表❷　給付型奨学金の支給額（年額）

従来制度	国公立	自宅生……24万円 自宅外生…36万円
	私立	自宅生……36万円 自宅外生…48万円
新制度	**国公立**	**自宅生……約35万円** **自宅外生…約80万円**
	私立	**自宅生……約46万円** **自宅外生…約91万円**

私立の自宅外生なら現行48万円から約91万円まで最大年間給付額が増えます。

表❸　学費（入学金+授業料）の最大減免額（年額）

	国公立		私立	
	入学金	授業料	入学金	授業料
大学	約28万円	約54万円	26万円	70万円
短大	約17万円	39万円	25万円	62万円
専門学校	7万円	約17万円	16万円	59万円

給付型奨学金と学費減免の最大額が適用されると、国公立であれば実質ゼロ円になります。

ポイント1【給付型奨学金】成績・収入基準を満たす必要がある

日本学生支援機構による給付型奨学金をはじめとする、高等教育の無償化政策の具体的な内容を見てみましょう。まずは成績と収入基準からです。

給付型奨学金の内容①
成績基準

①高校での成績が5段階評価で3・5以上。①に該当しない場合は、②学修意欲を有すること。

学修意欲の有無に関しては、面談やレポートの提出を通して担当教員が判断します。この点をナーバスに捉える人がいますが、あまり悲観的に考えなくていいと思います。教員からすれば「できれば通してあげたい」と思うものです。面談やレポートは、落とすためではなく通すためのものだと、前向きに捉えていいでしょう。

給付型奨学金の内容②
世帯の収入基準

表❹の金額は4人世帯の目安例ですが、住民税非課税世帯を第一区分として、それに準ずる世帯を第二、第三区分と、収入に応じた支援割合が設定されています。ただし、表記額以上であっても家族構成等により該当する、あるいは表記額以下でも該当しないことがあるので、左ページに記載のQRコードでシミュレーションチェックをしてみてください。

給付型奨学金の内容③
給付月額

肝心の給付月額は、貸与型の無利子の第一種奨学金と同じように、自宅生か自宅外生なのか、国公立か私立かで異なります。また、児童養護施設や生活保護世帯の自宅通学者は記載月額から増額支給されます。

目を惹くのが国公私立ともに自宅外生への給付額が手厚い点です。この理由は、今回の給付型奨学金が〝生活費支援〟に位置付けられているためです。最高月額の7万5800円ならば年額90万9600円と、地方であれば家賃や光熱費を含む生活費のほとんどが賄えるほどの金額です（表❺）。

20ページで解説しますが、新制度では給付型奨学金に加えて、入学金と授業料の減免がセットで行われるので、あわせて内容を確認してください。

表❹　支援割合別　収入基準の目安

4人世帯年収例	支援割合	区分
約270万円（住民税非課税）	満額	第一区分
約300万円	2/3程度	第二区分
約380万円	1/3程度	第三区分

※参考：文部科学省「高等教育の修学支援新制度について」
※記載以上の収入があっても、家族構成等により該当する、あるいは表記額以下でも該当しないことがあります。

給付型奨学金は収入に応じた支援割合が決められています。世帯収入ごとに第一・第二・第三区分に分けられます。

表❺　給付型奨学金の支給月額

区分	国公立		私立	
	自宅通学	自宅外通学	自宅通学	自宅外通学
第一区分	29,200円	66,700円	38,300円	75,800円
第二区分	19,500円	44,500円	25,600円	50,600円
第三区分	9,800円	22,300円	12,800円	25,300円

新たな給付型奨学金の目的が「生活費支援」のため、ひとり暮らしの学生に手厚い内容となっています。

2020年
変更点

ポイント2【給付型奨学金】貸与型奨学金とも併用できる

ここからは、保護者から実際に寄せられた質問や相談から、これだけはおさえておきたい点を解説します。

Q　貸与型奨学金もあわせて利用できますか？

もっとも多かったのがこの質問ですが、答えはイエスです。

給付型奨学金は採用区分によって月額が異なるため、不足分を貸与型奨学金や教育ローンなどで賄わなければならないケースも出てきます。

日本学生支援機構の給付型と貸与型奨学金の両方の同時申請はOKですし、採用されると両方を併用することができます。ただし、その場合、無利子貸与型の奨学金の月額が制限されるのでご注意ください。

無利子の貸与型奨学金と併用できる人は限定される

日本学生支援機構の貸与型奨学金には、第一種奨学金（無利子）と第二種奨学金（有利子）、さらに一度きりの支給となる入学時特別増額貸与奨学金（有利子）の三種類があります。

表❻をご覧いただければわかるように、給付型奨学金の第一、第二区分の採用者で第一種奨学金が利用できるのは国公立の一部の進路だけです。現実的には、第一種奨学金と併用できるのが第三区分の採用者だけだと考えておくほうがいいでしょう。しかも、通常の貸与額よりも少ない月額となります。

ただし、有利子の第二種奨学金（月額2～12万円の中から選択）は、区分を問わず、通常と同じく必要額を借りることができます。

よりわかりやすく、表❼で第三区分で貸与型と給付型を併用した場合の月額を整理しました。第三区分は、給付月額が第二区分の半額程度になるうえ、学費の減免割合も第一区分の3分の1となるので、貸与型奨学金が必要となる家庭は多いと思われます。

表❻　給付型奨学金の採用者の第一種（無利子）奨学金の貸与月額

学校種別・通学環境			第一区分	第二区分	第三区分
大学	国公立	自宅生	0円	0円	20,300円
		自宅外生	0円	0円	13,800円
	私　立	自宅生	0円	0円	21,700円
		自宅外生	0円	0円	19,200円
短大	国公立	自宅生	0円	3,800円	24,300円
		自宅外生	0円	0円	17,800円
	私　立	自宅生	0円	0円	22,900円
		自宅外生	0円	0円	17,400円
専門学校	国公立	自宅生	1,900円	16,200円	20,000円 30,500円
		自宅外生	0円	0円	24,000円
	私　立	自宅生	0円	0円	23,800円
		自宅外生	0円	0円	18,300円

※第二種奨学金（月額2～12万円）はすべての区分で希望月額が利用できます

給付型と貸与型の併用はできますが、無利子の第一種を借りられるのはほぼ第三区分の人のみです。

表❼　第三区分採用者が、第一種（貸与型）奨学金と給付型奨学金を併用したときの月額

学校種別・通学環境			貸与型奨学金（借りる）	給付型奨学金（貰える）	月額計
大学	国公立	自宅生	20,300円	9,800円	30,100円
		自宅外生	13,800円	22,300円	36,100円
	私　立	自宅生	21,700円	12,800円	34,500円
		自宅外生	19,200円	25,300円	44,500円
短大	国公立	自宅生	24,300円	9,800円	34,100円
		自宅外生	17,800円	22,300円	40,100円
	私　立	自宅生	22,900円	12,800円	35,700円
		自宅外生	17,400円	25,300円	42,700円
専門学校	国公立	自宅生	20,000円 30,500円	9,800円	29,800円 40,300円
		自宅外生	24,000円	22,300円	46,300円
	私　立	自宅生	23,800円	12,800円	36,600円
		自宅外生	18,300円	25,300円	43,600円

ポイント3【給付型奨学金】推薦枠は撤廃、入学後も申請可能に

2017年度から始まった従来の給付型奨学金と2020年度からの新制度では、給付額だけでなく、申し込み方法にも違いがあります。移行期間が短かったためか、それらの点を混同してしまっている人もいます。

Q 高校の推薦枠に漏れないかが心配です

従来の給付型奨学金は、高校ごとに採用人数枠が与えられ、学内でそれぞれ推薦基準を設ける選抜形式でした。そのため、家計基準を満たしていても半数ほどが不採用となっていたのが実情です。ところが新制度では、高校内での推薦基準や枠数制限も撤廃されました。したがって、家計基準を満たしていれば、採用される確率が高いと考えていいでしょう。

Q 大学に入学してから申し込めますか?

推薦枠の撤廃とともに、新制度では申し込み方法も変わりました。日本学生支援機構の奨学金を申し込むには、高校3年生の時点で申請する「予約採用」と大学等の入学後に申請する「在学採用」の二つの方法があります。

従来の給付型奨学金の申請方法は「予約採用」のみでした。しかし、2020年度からの新給付型奨学金では、貸与型奨学金と同じく「在学採用」でも申請が可能になりました。詳細は、大学入学後に学生課など奨学金担当部署に確認してください。

Q 亡くなった主人からマンションを相続したので資産要件を超えそうです

給付型奨学金は、住民税非課税とそれに準ずるなど、低所得世帯を対象にしていますが、もうひとつ資産基準も設けられています。

資産基準に関する注意点は、マンションや土地などの不動産は資産にカウントされないことです。ここでいう資産とは、貯金や株券などすぐに現金化できるものを指します。また、生命

保険や学資保険、個人型確定拠出年金（iDeCo）のような年金についても資産にはカウントされません。

従来の制度と新制度との違いを表❾に整理しましたので参考にしてください。

表❽　給付型奨学金の資産基準

子ども本人と夫婦の資産が 2000万円未満 （ひとり親の場合は1250万円未満）

表❾　給付型奨学金　従来制度と新制度の違い

内容	従来制度	新制度（2020年度開始）
高校ごとの学内推薦基準	あり	なし
採用枠数制限	あり	なし
申込み方法	予約採用のみ	予約採用、在学採用
資産基準	あり	あり
最大給付額（年間）	48万円	約91万円

新制度では、入学後の申請も可能になりました。

ポイント4【学費減免制度】学費減免認定校へ進学する人が対象

入学金・授業料も減免される

先に解説した給付型奨学金に採用されると、大学や短大、専門学校の入学金と授業料の減免支援も受けることができます。給付型奨学金と同じく、第一区分から第三区分で段階に応じた減免割合となっています。15ページの表❹の「支援割合別　収入基準の目安」で世帯収入別の区分設定を確認しましょう。

認定を受けた学校へ進学する人が対象

次に、表⑩で入学金と授業料の減免上限額を見てみましょう。記載されている金額は、満額支援の第一区分の上限額です。したがって、進学先の通常の入学金と授業料から、第二区分は3分の2、第三区分は3分の1の額が減免されるとイメージしてください。

ご覧いただければわかるように、第一区分の国公立大学進学者であれば、学費負担が実質ゼロ円となります。私立大学でも授業料の7割程度の負担が軽減されることになるでしょう。

ただし、すべての大学や短大、専門学校が学費減免の対象となるわけではなく、文部科学省が求める一定要件を満たし減免認定を受けた学校だけであるという点に注意が必要です。これは給付型奨学金も同様です。つまり、学費減免認定校への進学者しか、給付型奨学金と学費の減免支援が受けられないと理解してください。

支援額は4年間で670万円に及ぶ場合も

では、実際に減免認定校に進学すると支援額はどれくらいになるのか。私立大・自宅外生を例に表⑪で区分ごとにシミュレーションしてみました。

入学金は初年度だけですが、毎年続く授業料の減免と給付型奨学金の年額は、第一区分161万円、第二区分108万円、第三区分53万円です。第一区分では4年間で644万円、入学金を加えると総額670万円です。

新制度は、経済的に厳しくとも意欲のある学生にとっては大きな希望です。しかし、その一方には多額の貸与型奨学金を背負う学生も多くいること、そして国民の税金により支えられていることを忘れずに頑張ってほしいと思います。

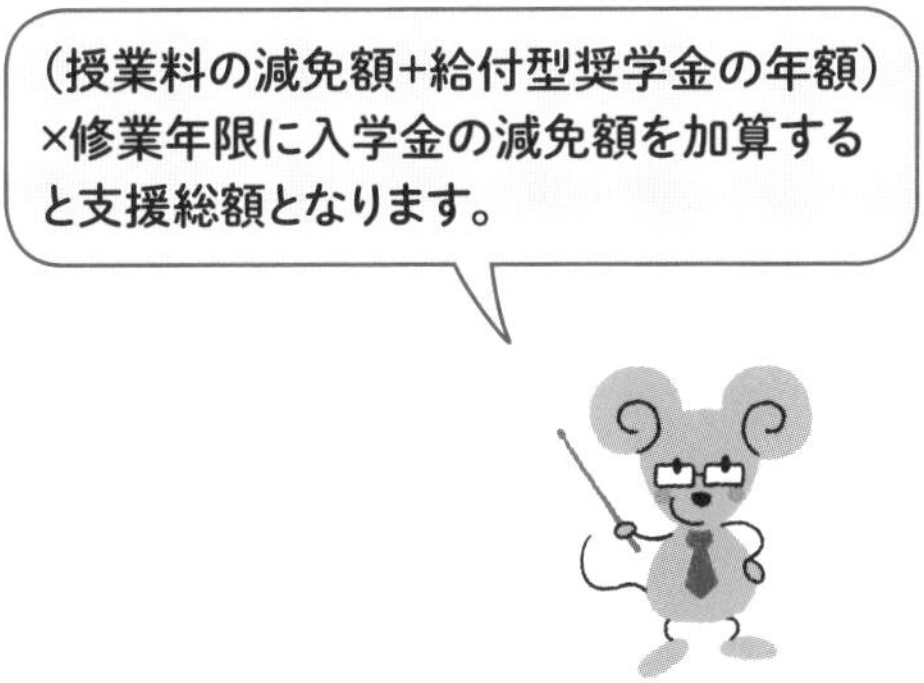
(授業料の減免額+給付型奨学金の年額)×修業年限に入学金の減免額を加算すると支援総額となります。

表⑩ 学費(入学金・授業料)の減免上限額

種別	国公立		私立	
	入学金	授業料	入学金	授業料
大学	約28万円	約54万円	26万円	70万円
短大	約17万円	39万円	25万円	62万円
専門学校	7万円	約17万円	16万円	59万円

表⑪ 私立大・自宅外生の場合の年間支援上限額の目安

区分	支援割合	授業料減免額(年額)	給付型奨学金(年額)	年間計
第一区分	満額	70万円	91万円	161万円
第二区分	2/3程度	47万円	61万円	108万円
第三区分	1/3程度	23万円	30万円	53万円

ポイント5【学費減免制度】給付型奨学金と学費減免はセットだが支援の受け方が違う

給付型奨学金と学費減免制度はセットで考える

2020年度から始まる給付型奨学金と入学金と授業料の学費減免制度はセットで考えてください。支援を受けるのは学生本人ですが、それぞれの手続きや支援の受け方が異なるので、全体のイメージを図①②と表⓬で整理してみました。

給付型奨学金は学生本人に毎月支給されますが、学費の減免制度では、学生に現金が支給されるのではなく、本来の学納金から減額されるかたちになります。そのため、減免支援を受けたうえで不足する学納金は、学生や保護者が学校に支払わなければなりません。

また、もっとも重要なポイントは、学費減免認定の対象外の学校に進学した場合は、給付型奨学金も受けられないという点です。新制度は「給付型奨学金」と「学費減免」の2本柱となっていますが、原則的には2つセットでの支援制度であると理解してください。

家計や成績の状況により打ち切られる可能性も

給付型奨学金と学費減免制度の違いについて、もう少し詳しく整理してみましょう。

たとえ給付型奨学金に採用されたとしても、それが卒業まで保証されるわけではありません。当然ですが、家計状況と学業成績（大学は毎年、短大・専門学校では半期ごとに）を合わせて翌年の支援の継続の可否が審査されます。そこで、保護者の収入が基準を超えたり、成績不良などと判断されると支援の停止や警告を受けます。

その後、成績が改善されず連続で警告を受けると、支援が打ち切られます。ただし、これは貸与型奨学金の継続審査と比べても決してハードルは高くありません。当たり前のことですが、給付型奨学金の支援を受けるには、学修に真面目に取り組む姿勢が絶対不可欠であることを忘れないでください。

図①　給付型奨学金

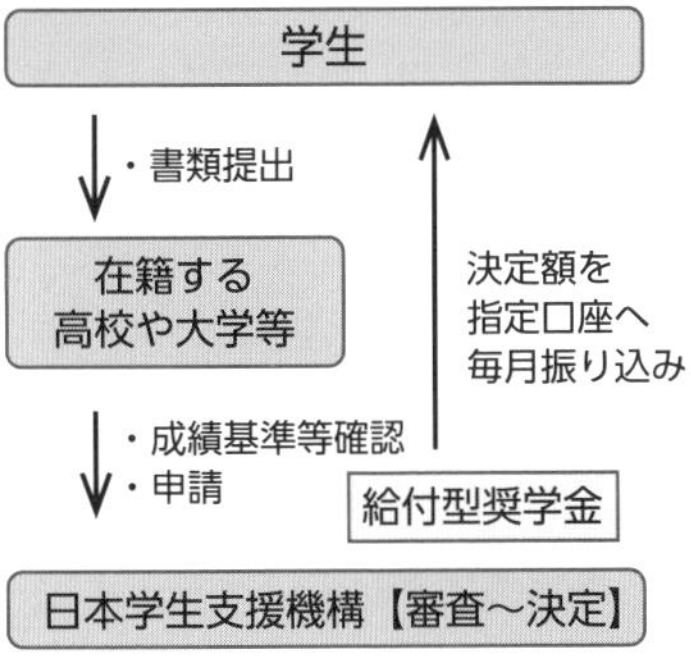

図②　学費の減免

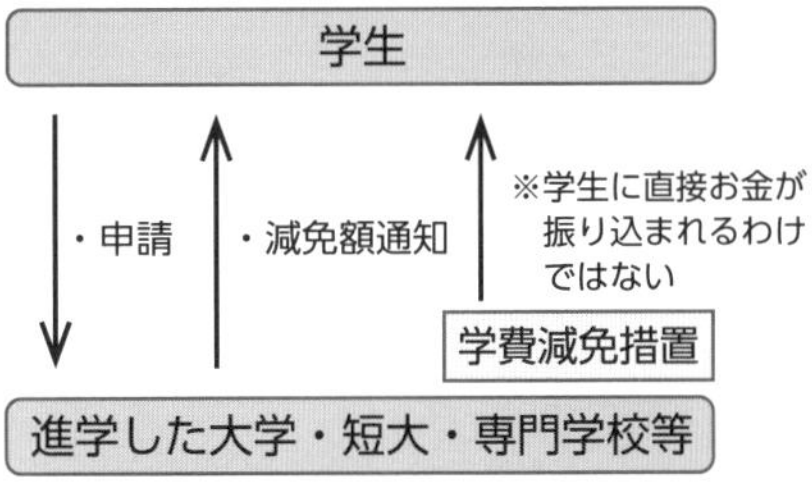

※減免された学費分は、国や自治体などが
大学・短大・専門学校等に交付する

表⑫　給付型奨学金と学費減免制度の違い

内容	給付型奨学金	学費の減免制度
申請先	日本学生支援機構	進学した大学・ 短大、専門学校等
申請時期	予約採用：高校3年 在学採用：入学直後	入学直後
採用決定時期	予約採用：高校在学中 在学採用：申請後	申請=採用
支援方法	毎月直接支給	前期と後期、 半期ごとに減免
継続審査	あり	あり

警告（支援は継続するが成績の向上を求める）

次のいずれかに該当すること

①修得単位数が標準の6割以下
②平均成績等が下位4分の1
③出席率8割以下であるなど学修意欲が低い

支援の廃止（打ち切り）

次のいずれかに該当すること

①修業年限で卒業できないことが確定した
②修得単位数が標準の5割以下
③出席率5割以下であるなど学修意欲が低い
④「警告」に連続して該当した

Column 1

税金でお笑い芸人を育成するの?
～高等教育とは何なのか～

突然ですが、「税金で最強のM―1チャンピオンを育成しよう!」という公約を掲げる政党があったら、あなたは支持しますか?

私自身は、お笑い好きです。テレビよりもラジオ派で、大ファンの漫才師ナイツのラジオ番組は毎週欠かさず聴いています。しかし、冒頭の公約には迷うことなく反対票を投じますし、常識的に違和感を覚える方が多いはずです。

しかし、これは現実的にあり得る話なのです。日本のエンターテインメント、とくにマンガ・アニメは海外でも人気が高く、政府でもクールジャパン戦略として海外でのPRを積極的に後押ししています。海外のファンがコスプレイベントなどで日本を訪れる姿はメディアを通してよく目にしますし、国にとっても重要な観光資源です。

お笑い芸人も、アニメーターや声優も、めざすには専門学校で学ぶという選択肢があります。文部科学省によると、2019年9月現在、あらゆる分野で2713もの専門学校が設置されています。それらのなかには、声優やアニメーター、お笑い芸人やミュージシャンをめざすコースを設けている学校もあり、今度の国の給付型奨学金と学費の減免制度は、認定校には当然適用されます。

一般的に、専門学校はめざす職業に直結する人材育成が教育目的と捉えられています。声優や芸人、ミュージシャンも夢のある職業だと思いますが、問題はどれだけの人がその職で生活できているのか、という点です。看護師などの国家資格であれば卒業後の収入は確約されますが、エンターテインメントの世界で自立できる確率は1000分の1よりも低いでしょう。

2020年度から始まる高等教育の無償化政策の財源には国民全員が負担する消費税が充てられます。また、その政策目的は少子化対策です。エンターテインメントの世界のトップをめざすことを否定するつもりはありませんし、夢と野心を持つ若者が成功し、多くの人に夢と希望を与えてほしいと思います。

しかし、税金を投入してまで、彼らの憧れを支援すべきなのか。専門学校の経営を支えるだけではないのか、と大きな疑問をもってしまいます。吉本興業をはじめ、大手芸能プロダクションではそれぞれ養成所を運営していますが、声優の世界でも同様です。そこでは夢を持つ若者がアルバイトで食いつなぎながら必死で戦っていますし、それが本来のあるべき姿だと個人的には思います。

今度の無償化政策が、将来に必要な高等教育の意義について、広く議論されるきっかけになればと願っています。

Part

2

ピックアップ！特徴のある大学独自の奨学金

多くの私立大学では独自に奨学金制度を設けています。
しかも、その取り組み方はさまざまです。
大学独自の奨学金にももっと関心を
高めていただければと思い、
特徴のある独自奨学金に取り組む大学を
ピックアップしました。

*掲載情報は2019 年度の実績です。最新情報についてはホームページなどでご確認ください。

札幌学院大学

北海道

制度名 スカラシップ特待生

支援内容 1年次の授業料を免除（最長4年間継続）

スカラシップ入試合格者の年間授業料を免除

札幌学院大学は、心理学部、人文学部、法学部、経済学部、経営学部の5学部体制の文系大学ですが、第一の特徴が学費の安さです。AERAムック・大学ランキング2020年版「学費の安さランキング」では、法学部部門（全国9位／道内1位）、文・外国語学部部門（全国11位／道内1位）、経済・経営・商学部部門（全国13位／道内2位）、学際系学部部門（全国3位／道内1位）にランクイン。

また、低学費に努めるだけでなく独自の奨学金にも力を注いでいます。もっとも支援額が大きいのが「スカラシップ特待生」です。これはスカラシップ入試合格者の1年次の年間授業料が免除されるという内容ですが、一定基準以上の成績を維持すれば最長4年間支援が継続されます。

そのほか、半期分の授業料が免除される「成績優秀者奨学金」もあり、この奨学金には人数制限が設けられていないため、基準を満たす全員が採用されることになります。低学費と充実した独自奨学金は、札幌学院大学の大きな特徴といえます。

北海道医療大学

北海道

制度名 福祉・介護人材育成奨学生

支援内容 初年度授業料を免除+2年次以降は授業料79万円を減免

福祉・介護の専門家育成に力を入れる

「福祉・介護人材育成奨学生」の対象は臨床福祉学科の受験生です。初年度授業料が免除され、2年次以降は年間授業料99万円から79万円が減免されるので、年間の授業料負担が20万円となり、学費納付総額90万円で4年間学ぶことができます。

福祉・介護分野の専門家育成は、北海道に限らず全国的な課題です。急速に超少子高齢社会となった我が国にとっては必要不可欠な専門分野です。この奨学金は入学前に採用の可否が決まりますので、福祉・介護分野を志す受験生にはぜひ知ってもらいたい制度です。

北海道医療大学では、薬学部・歯学部の特待奨学生制度をより充実させたほか、医療と福祉の分野で将来活躍が期待される受験生を対象に、家庭の経済状況をもとに入学金全額と初年度授業料半額を免除する「夢つなぎ入試制度」も全学部で実施しています。意欲のある学生にはぜひチャレンジしてほしいと思います。

石巻専修大学

宮城県

制度名 進学サポート奨学生

支援内容 授業料の半額相当額を4年間減免

入学定員の約45%にあたる募集規模

経済的理由で進学が困難な方にも大学進学の機会を提供し、地域の人材育成や地域創生につながる人材育成に貢献したい——。そんな思いから、石巻専修大学では「進学サポート奨学生」制度が創設されました。

募集規模は最大200名の採用枠が設けられており、これは入学定員の約45%にあたります。また、この奨学金は「特待生入学試験」「外国人留学生入学試験」「編入学試験」を除くすべての入学試験が対象となり、選考は書類審査で行われます。支援額としては、学科ごとの年間授業料の半額相当額が4年間減免されるので、減免総額は134.6万円〜193.6万円にもなり、受験生の出身地は問われません。日本学生支援機構の奨学金との併用が認められており、家庭の負担を最小限に抑えて進学することが可能です。

石巻専修大学では、そのほか「特待生入試奨学生」「新入生石巻地域奨学生」「在学生特別奨学生」などの奨学金制度を設け、在学生の経済支援に取り組んでいます。

東北医科薬科大学

宮城県

制度名 修学資金制度(医学部)

支援内容 6年間で最大3000万円の修学資金を貸与し、8〜10年間の勤務で返済免除

国公立大学と同額程度で医師への道を拓く

私立大学医学部の学費は6年間で3000万円を超えることが珍しくなく、当然ですがこれは一般のサラリーマン家庭で負担できる金額ではありません。医学生に対して月額20万円ほどの学資を貸与する自治体もありますが、それでもすべての学費を賄うのは困難です。

東北医科薬科大学医学部の「修学資金制度」では最大3000万円の貸与を受けることができ、大学卒業後に宮城県や他5県の東北エリアの指定医療機関で医師として一定期間(A方式:8〜10年、B方式:9年程度)勤務すれば返済が免除されます。この制度を利用すれば国公立大学の学費と同額程度になるので、一般家庭に育った学生でも医師をめざすことが可能になるのです。

じつは、修学資金制度のきっかけは2011年の東日本大震災にあります。もともと医師不足に悩まされてきた東北地域が、一層医師不足に陥る状況となってしまいました。それらを解決すべく、国と自治体、海外からの支援を得て作られたのがこの制度です。

神奈川大学

神奈川県

制度名 給費生試験

支援内容 4年間で、文系学部（最大460万円）、理工系学部（560万円）の奨学金を給付するうえ、ひとり暮らしの学生には年間70万円（4年で280万円）の生活支援金も支給

最高レベルの支援内容のもっとも歴史ある制度

神奈川大学の「給費生試験」は、1933年に始まった大学独自の奨学金としてはもっとも歴史のある制度です。建学当初からの、学びに集中できる環境を提供し、若い才能を応援したいという理念のもと、12月下旬に北海道から沖縄までの全国20会場で毎年実施されています。

奨学金は返還不要の給付型で、文系学部は年額100万円・110万円（学部による）、理工系学部は年額135万円を原則4年間給付（毎年継続審査あり）、さらに自宅外通学者には生活援助金として年額70万円（毎年継続審査あり）が支給されるので、地方出身の学生も安心して学業に専念できます。

試験は3科目型、難易度は一般試験と同水準で併願可能+現役・既卒の区別なく受験可能です。神奈川大学の給費生は、大学独自の奨学金としては日本最高レベルの支援内容です。地方の受験生は、近くの試験会場でチャレンジしてみてはどうでしょうか。（※給付金額は2020年度実績で記載）

三育学院大学

千葉県

制度名 アドベンチスト病院協議会奨学金

支援内容 年額60万円を給付+年額50万円を無利子貸与

自己資金がほぼゼロでも看護師をめざすことが可能

三育学院大学は、千葉県と東京都にキャンパスをもつ看護学部のみの単科大学です。1学年50名の少人数定員で、在学生はキャンパス内の学生寮で過ごす全寮制をとっています。

三育学院大学の「アドベンチスト病院協議会奨学金」は、卒業後に東京・神戸・沖縄にあるいずれかの系列病院で勤務することを条件に支給されます。2019年度の実績では、年間110万円（60万円は給付、50万円は無利子貸与）が支給されますが、入試等の成績が問われないという点が特徴です。

看護系の進路では、三育学院大学のように卒業後の勤務を条件に返済免除となる制度がよく見られますが、その前にネックとなるのが合格発表後の納付金です。

アドベンチスト病院協議会奨学金の採用者は、入寮費も含めた入学時納入額の112万4000円から110万円が差引かれるので、入学時納付金をわずか2万4000円まで抑えることができます。

東洋大学

東京都

制度名 「独立自活」支援推薦入試

支援内容 イブニングコース（夜間部）の学生が対象。学費の半額相当の奨学金を4年間給付。日中は大学内で働けるうえ、食事付きで安価な提携学生寮にも入居可能

大学職員と一緒に働いて社会人としての能力を養える

昔は多くの大学で夜間部を設け、苦学生を支えていました。講義内容や取得資格も昼間部と変わらない夜間部進学は、経済的事情がある人にはもっともお勧めしたい進学方法ですが、社会の変化とともに全国的に夜間部は減少し続けているのが実情です。そのような流れに逆らうかのように、東洋大学では夜間部にも力を注ぎ続け、今や日本の私立大学夜間部学生の約25％を占める規模を誇っています。

「独立自活」支援推薦入試を受験し奨学生に採用されると、学費の半額相当の給付型奨学金が４年間支給されるうえ、大学事務局などキャンパス内で働くことで年額最大180万円ほどの収入を得ることが可能です。さらに、希望者にはリーズナブルな食事付きの学生寮も提供されます。

最大のポイントは、大学職員と一緒に働くことを通して、コミュニケーション力など、社会で必要とされる能力が養える点だと考えます。募集人員９名という狭き門ではありますが、意欲のある学生にはチャレンジしてほしい制度です。

明治大学

東京都

制度名 おゝ明治奨学金

支援内容 授業料年額2分の1相当額を給付
※原則4年間給付。入学手続時のみ納付金から相当額を減免

採用候補者1000名の大規模な入学前予約型給付奨学金

明治大学が一般入学試験の受験者を対象に2020年度の入学者から新設した入学前予約採用型の給付奨学金。学部により授業料等が異なりますが、4年間で170万円～230万円もの給付総額となります。とくに目を惹くのが採用候補者数1000名以内という規模の大きさです。

入学前予約型給付奨学金を設ける多くの大学では、地元の学生よりも地方出身学生への支援額を手厚くする傾向がありますが、「おゝ明治奨学金」では、出身地域にかかわらず支援額は同じです。しかし、異なるのが家庭の収入基準です。給与所得世帯の年収の上限額を、首都圏（東京・神奈川・埼玉・千葉）世帯400万円、首都圏以外の世帯600万円としており、地方エリアの受験生により可能性を開いているというのが特徴でしょう。

明治大学では、そのほか約1440名もの採用枠のある「明治大学給費奨学金」や、「明治大学特別給費奨学金」など多くの独自支援制度を整えています。

早稲田大学　東京都

制度名 めざせ!　都の西北奨学金

支援内容 前期分の授業料相当額を免除（4年間継続）

校友の「早稲田カード」による還元金で学生を支える

多くの大学に広がっている入学前予約型の給付奨学金の元祖が、早稲田大学の「めざせ!都の西北奨学金」です。首都圏（東京・神奈川・千葉・埼玉）以外の受験生が対象で、毎年前期分の授業料相当額が免除されます（初年度は入学時納入金から免除）。

興味深いのがこの奨学金の財源が、卒業生などによる寄付と主に校友が利用している「早稲田カード」による還元金で運営されている点です。「めざせ！都の西北奨学金」は、毎年1200名もの採用枠を設けているので、早稲田ネットワークがいかに大きいかが想像できます。

このほか、入学前予約型給付奨学金としては「小野梓記念奨学金（新入生予約採用型）」があります。こちらは東京・神奈川・千葉・埼玉と首都圏の受験生が対象となり、毎年40万円が給付されます。

早稲田大学独自の奨学金は約150種類、そのすべてが返済不要の給付型奨学金であり、ほかにも100団体以上の民間奨学金等があります。

金沢工業大学　石川県

制度名 スカラーシップフェロー

支援内容 金沢工業大学の本来の入学金・授業料と、国立大学の入学金・授業料の標準額との差額を給付

実質、国立大学の学費と同額で進学できる

大学関係者で金沢工業大学の名を知らない人はいないと思います。その第一の理由が、ずば抜けた就職力にあり、「大学探しランキングブック2019」（大学通信）では実就職率ランキングが中規模・大規模の大学の中で全国第1位となっています。

理工系の私立大学は学費が高いのがネックです。金沢工業大学の「スカラーシップフェロー」の採用者は国立大学と同額の学費で進学できます。そのほか年間25万円が給付される「スカラーシップメンバー」も用意されています。

金沢工業大学の独自奨学金の魅力は金銭面だけではありません。奨学生に採用されると「自ら考え行動する技術者」をめざすための金沢工業大学独自のオナーズプログラムへの参加が課されます。これは、自らが目標を設定し、自身をより成長させる絶好の機会です。もっとも重要な出口（就職）を見すえた金沢工業大学の取り組みが、冒頭の評価につながっていると考えます。

岐阜女子大学

岐阜県

制度名 沖縄教育基金

支援内容 沖縄県出身者全員に50万円を給付

沖縄戦で戦死した創立者の近親者遺産を基に創設

岐阜女子大学は全国的な知名度は決して高くありませんが、学生指導と就職力では以前から全国トップクラスの実力を誇っています。全国の進路指導教員へのアンケートをもとにした2019年のランキングでは、「面倒見が良い女子大」で全国1位の評価を獲得。「女子大の実就職率」調査では全国3位という実力です（ともに大学通信調べ）。

岐阜女子大学では、新入生と在学生に対して年額40万円を給付する「特別奨学金」制度を設けていますが、ここで紹介するのは特定の地域に特化した奨学金です。沖縄県出身者に対して50万円を給付する「沖縄教育基金」のほか、年に2回帰省費用を補助する「遠隔者特別奨学金」を設けています。財源は、太平洋戦争での沖縄戦で戦死した大学創立者の近親者の遺産が基になっています。戦後70年以上経ってもさまざまな負担を強いられている沖縄の方々に、教育での貢献に努めているのが岐阜女子大学の沖縄教育基金です。

関西大学

大阪府

制度名 学の実化（がくのじつげ）奨学金

支援内容 関西圏外からの進学者　年額40万円～55万円を給付
関西圏内からの進学者　年額30万円～45万円を給付

独自奨学金のほか、良心的な学費設定も魅力

関西大学の「学の実化（がくのじつげ）」奨学金は、入試の出願前に給付型奨学金の採用の可否が決まる入学前予約採用型の奨学金です。関西圏内（大阪・兵庫・京都・滋賀・奈良・和歌山）の高校出身か関西圏外か、さらに学部により給付額が異なります。

気づく人は少ないと思いますが、関西大学は良心的な学費設定をとっています。保護者からは「納付書を見て授業料以外に結構なお金がかかると知ってあわてた」という声をよく聞きますが、関西大学は施設費や実習費等の項目を設けていないのです。

受験者数ランキングで毎年全国トップ10に入る人気大学なので、「学の実化奨学金」を喜ぶ受験生はきっと多いはずです。関西大学では、そのほか留学支援も含めた数多くの独自奨学金を設けているので、意欲のある学生にはぜひチャレンジしてほしいと思います。

福岡大学

福岡県

制度名 七隈の杜（ななくまのもり）奨学金

支援内容 文系学部　年額30万円給付　理工系学部　年額50万円給付
第3子以降の学生にはさらに30万円を給付

日本最大規模の約3000名を採用

福岡大学の「七隈の杜（ななくまのもり）」奨学金は、入学前予約型の給付奨学金です。対象は一般入試の受験生で、奨学金に採用され入学すると、文系学部は年額30万円、理工系学部は年額50万円が給付され、その採用枠数はなんと約2000名。さらに、入試の成績優秀者には特別増額給付も用意されています。

また、「第3子以降特別給付奨学金」として、受験生が第3子以降であれば、先の給付額に加えて30万円が学部を問わず給付されます。第3子以降特別給付奨学金の採用枠数が約1000名なので、「七隈の杜奨学金」は約3000名と大学独自の奨学金としては日本最大規模といっていいでしょう。

七隈の杜奨学金の給付期間は、1年次限りとなっていますが、2年次以降には同額が給付される「福岡大学給費奨学金（一号）」も用意されています。

福岡工業大学

福岡県

制度名 入試の成績優秀者に対する奨学金制度

支援内容 4年間の授業料全額または半額免除、1年間の授業料半額免除

約8名に1名の採用率の高さに注目

福岡工業大学は就職に力を入れている大学として評価されています。週刊東洋経済「本当に強い大学2019」では、理工系部門の実就職ランキングで全国6位にランクイン。

「入試の成績優秀者に対する奨学金制度」は、入試合格者の成績上位者を対象とした奨学制度であり、4年間の授業料全額または半額、1年間の授業料半額が免除されます。2019年度の入試実績では、4年間の授業料全額免除145名、4年間の授業料半額免除176名、1年間の授業料半額免除200名の合計521名が採用されています。

このほか、経済的に修学が困難な学生を支援するなど、さまざまな独自の奨学制度を整えています。

福岡工業大学の奨学制度である「入試の成績優秀者に対する奨学金制度」の2019年度の採用率は合格者の約8名に1名（約12.5%）と公表されていますが、これは他大学の特待生と比べてかなり門戸が開かれているといえるでしょう。

沖縄大学

沖縄県

制度名 沖縄大学 児童福祉特別奨学生

支援内容 児童養護施設、里親家庭の学生の年間授業料を免除

貧困問題に対応する奨学金制度

子どもの貧困が社会問題となり、政府も「子供の貧困対策に関する大綱」を策定し、具体的な取り組みが始まっています。保護者の経済事情は子どもの教育に直結します。内閣府の資料によると、2015年度の大学や専門学校への進学率が全世帯平均73.2%であるのに対し、ひとり親世帯41.6%（2011年度）、生活保護世帯33.1%、児童養護施設出身24.0%と明らかな違いが見られます。

進学率がもっとも低いのが児童養護施設出身者で、全世帯平均の3分の1にとどまっています。沖縄大学では、県内の児童養護施設や里親家庭で育った学生の年間授業料を免除する「児童福祉特別奨学生」制度を設けており、2019年現在4名が沖縄大学での学びを実現できています。立教大学や早稲田大学でも児童養護施設等で育った学生に対して同様の取り組みを行っていますが、親子の貧困連鎖を断ち切り、教育が持つ本来の力を発揮する奨学金制度といえるでしょう。

給付額	採用人数
授業料の半額相当額	200名
30万円	100名（大学院学生含む）
15万円～40万円	～184名
年額50万円	約350名
年額60万円（医学部は90万円、薬学部は80万円）入学初年度は上記の金額に入学金相当額（20万円）を加算。入学2年目以降は成績優秀者の奨学金額を増額	550名以上
学部により年額50万円または80万円	130名程度
30万円	得点上位200名以内
1年生：授業料の半額相当額、2年生以上：年額15万円	約200名
授業料の半額相当額	300名
授業料相当額と施設費相当額	100名
授業料の半額相当額	100名程度
経済学部地域経済学科:40万円／理工学部:55万円／医療技術学部柔道整復学科:65万円	経済学部地域経済学科：30名以内／理工学部：80名以内／医療技術学部柔道整復学科：25名以内
年額50万円	100名程度
授業料の半額相当額（1年間）	毎年度予算で設定された人数（500名程度）
年額30万円	250名予定（学部生・短期大学生合わせて）
年額30万円	778名予定（学部生・短期大学生合わせて）
文系38万円、理工系43万円	200名
文系・理系学部、首都圏内、以外かにより年額20万円、30万円、40万円又は授業料の半額相当額	1440名以内
授業料相当額または授業料の半額相当額	180名以内
文系学部40万円、理学部60万円	140名程度
文系学部50万円、理学部70万円	500名程度
文系学部40万円、理学部60万円	250名程度
年額40万円	約200名
年額40万円、創造理工学部64万円	104名以内
年額40万円	566名
授業料の30%～100%相当額	462名
年額26.4万円または52.8万円	382名
文系40万円、理系50万円	200名以内
月額2.5万円	全学部学科、全学年の合計で約250名
授業料と教育充実費の半額相当額	200名以内
年間学費が50万円になるように差額を給付	200名
入学金・授業料・教育充実費・特別施設設備費相当額	243名
授業料相当額以内または授業料・教育充実費相当額以内	120名程度
授業料の半額相当額	140名
30万円	300名（大学院・短大含む）
30万円	150名（短大含む）
(1) 年間授業料と教育充実費の半額相当額 (2) 年間授業料と教育充実費の全額相当額	(1) 334名 (2) 62名
30万円	100名
30万円～45万円（学部により異なる）	約150名
30万円～45万円（学部により異なる）	約600名
年額36万円	100名程度
年額36万円	295名
文系学部30万円（商二部は15万円）、理系学部50万円。入試成績優秀者には特別増額有り	約2000名
30万円	約1000名

●採用人数や支援額が大きい・大学独自の給付型奨学金一覧

大学名	所在地	制度名
石巻専修大学	宮城県	進学サポート奨学生
東北学院大学	宮城県	東北学院大学給付奨学金
青山学院大学	東京都	青山学院スカラーシップ（経済支援）
青山学院大学	東京都	青山学院大学入学前予約型給付奨学金「地の塩、世の光奨学金」
慶應義塾大学	東京都	学問のすゝめ奨学金
慶應義塾大学	東京都	慶應義塾維持会奨学金
駒澤大学	東京都	全学部統一日程入学試験奨学金
成蹊大学	東京都	成蹊大学学修支援奨学金
専修大学	東京都	専修大学進学サポート奨学生
専修大学	東京都	スカラシップ入試奨学生
中央大学	東京都	中央大学予約奨学金
帝京大学	東京都	地方創生給付奨学金帝京大学入試出願前奨学金制度（宇都宮キャンパス）
東京理科大学	東京都	新生のいぶき奨学金
東洋大学	東京都	東洋大学第２種奨学金（経済的修学困難者奨学金）
日本大学	東京都	日本大学創立130周年記念奨学金　第１種
日本大学	東京都	日本大学創立130周年記念奨学金　第２種
法政大学	東京都	法政大学「開かれた法政21」奨学・奨励金（入試出願前予約採用型給付奨学金／地方出身者対象）
明治大学	東京都	明治大学給費奨学金
明治大学	東京都	明治大学スポーツ奨励奨学金
立教大学	東京都	立教大学学部給与奨学金
立教大学	東京都	立教大学「自由の学府」奨学金
立教大学	東京都	立教大学セントポール奨学金
早稲田大学	東京都	小野梓記念奨学金（新入生予約採用型）
早稲田大学	東京都	大隈記念奨学金
早稲田大学	東京都	小野梓記念奨学金（在学生採用型）
国際医療福祉大学	栃木県	国際医療福祉大学特待奨学生制度
獨協大学	埼玉県	獨協大学一種奨学金
神奈川大学	神奈川県	米田吉盛教育奨学金神奈川大学予約型奨学金
東海大学	神奈川県	ワークスタディ奨学金
愛知大学	愛知県	愛知大学スカラシップ
金城学院大学	愛知県	金城サポート奨学金
中京大学	愛知県	入試成績優秀者給付奨学金
京都橘大学	京都府	京都橘大学経済援助給付奨学金
同志社大学	京都府	同志社大学奨学金（入学前募集）
近畿大学	大阪府	近畿大学給付奨学金
近畿大学	大阪府	近畿大学入学前予約採用型給付奨学金
摂南大学	大阪府	学内特別奨学金
桃山学院大学	大阪府	桃山学院大学遠隔地出身学生援助奨学金
関西学院大学	兵庫県	ランバス支給奨学金
関西学院大学	兵庫県	就学奨励奨学金
神戸学院大学	兵庫県	神戸学院大学支給奨学金（経済支援給付奨学金）
九州産業大学	福岡県	中村産業学園創立50周年記念九州産業大学給付奨学金
福岡大学	福岡県	七隈の杜給付奨学金
福岡大学	福岡県	七隈の杜第３子以降特別給付奨学金

出典：日本学生支援機構HP「大学・地方公共団体等が行う奨学金制度」と大学それぞれのHPから筆者作成
※一覧は、１年次生からを対象とした給付型奨学金制度のみ掲載しており、学費減免型、貸与型は除いています。
※採用条件、給付期間等は制度によりそれぞれ異なるので、最新情報は各大学のHPでご確認ください。
※記載内容は、2018年度、2019年度の実績です。

Column 2

高等教育の無償化は大学に追い風、専門学校には向かい風か

2019年9月、文部科学省では2020年度から始まる高等教育無償化認定校を公表しました（10月21日現在）。学校の種類別の「設置数／認定数／認定割合」を見ると、大学・短大（1080校／1049校／97・1％）、高等専門学校（57校／57校／100％）、専門学校（2713校／1689校／62・3％）となっています。

これらの数字を見ると、ほぼすべての大学・短大、高専が減免認定を受けられたのに対して、専門学校では6割程度の認定率です。そのため、4割弱の認定外の専門学校に進学すると給付型奨学金と学費減免の両方が受けられないことになります。

社会の変化とともに、大学進学率は上昇し、専門学校進学率は減少傾向にありますが、それでも2019年度は高校生の16・4％（17万2000人）が専門学校に進学しています（文部科学省・学校基本調査速報値）。しかも、日本学生支援機構の貸与型奨学金の利用率は、大学37・1％に対して、専門学校41・3％と、より奨学金を必要としている家庭が多いのです（2017年度）。単純に考えると、4年間の大学よりも2年間の専門学校のほうが費用負担は少ないはずです。しかし、奨学金の利用率が高いということは、それだけ経済的に厳しい家庭が多いことが推測できます。給付型奨学金に採用された学生の立場からすれば、よほど特別な理由がない限り、給付対象外の専門学校に進学する理由が見つかりません。

ただでさえ、専門学校業界は逆風にさらされています。以前は、大学と専門学校のすみ分けがハッキリとしていました。調理や理美容、看護や理学療法、歯科衛生、ファッションやITなどは専門学校の領域とされてきましたが、今では調理や理美容を除く多くの分野に大学が進出しています。

また、少子化の影響を受けるのは大学や専門学校だけではありません。むしろ、高校の統廃合のほうが地域にとってはより深刻な問題です。賛否の声はありますが、大学進学率が高校の評価基準として重視されていることは周知の事実です。進路指導の立場からしても、明確な目標を持ち大学よりも専門学校のほうが適する生徒は別として、お金の問題が解決するならば大学進学を奨める先生のほうが多いはずです。

こうした高校現場の状況を考えると、今度の高等教育無償化政策は、大学にとっては追い風となるでしょうが、専門学校には強い向かい風となると思われます。専門学校が氷河期時代に突入するきっかけになる可能性があります。

Part 3

ピックアップ！民間の奨学金と自治体・企業の取り組み

全国の自治体や民間企業の中にも、
特色のある意欲的な取り組みが見られます。
筆者の視点で注目の奨学金をいくつかピックアップしました。

＊掲載情報は2019年度の実績です。最新情報についてはホームページなどでご確認ください。

公益財団法人　河内奨学財団

概　要 大手ドラッグストアチェーンを展開する（株）カワチ薬品が創設した奨学財団

支援内容 薬学部に在籍する大学生に月額４万円の奨学金を最長６年間給付

薬学界の人材育成を重視した奨学金

薬剤師をめざす人は薬学部に進学します。国公立大学であればそれほど心配はありませんが、私立薬科大学の学費は高額で、入学金を含めた初年度納付金は200万円を超えてきます。しかも、修業年限が６年なので、総額1000万円以上ものお金が必要となります。

河内奨学財団では、薬学部に学ぶ大学生に月額４万円（年間48万円）の奨学金を最長６年間（総額288万円）給付しています。奨学金の申請は、在籍大学の事務局を通して行います。

河内奨学財団奨学金の特徴は次の２点に集約されます。①「給付型の奨学金である」、②「卒業後の就職等の制限がない」。とくに②は大きな特徴です。他の多くの給付型奨学金が卒業後に何らかの条件を付しているのに比べて、卒業後の進路にまったく条件をつけずに１年次の段階から奨学金を給付する河内奨学財団は、薬学界の人材育成を重視した特別な型の奨学金といえるでしょう。

公益財団法人　キーエンス財団

概　要 （株）キーエンスが設立した奨学財団

支援内容 大学生に月額８万円の奨学金を４年間給付

大学・学部系統も卒業後の条件も問わない

世界的な精密機器メーカーである（株）キーエンスが奨学財団を設立し、2019年度の入学生から奨学金の給付事業を始めています。４年制大学への進学を志望する受験生が対象で、高校や大学を通さず財団のホームページから直接応募する形式です。2020年度は500名もの募集規模となっています。

支援内容は、月額8万円（年額96万円）の返済不要の奨学金を4年間給付するもので、その総額は384万円にもなります。

キーエンス財団奨学金の第一のポイントは、特定の大学や学部系統を指定しないという点です。民間団体の奨学金では、対象となる大学や学部系統が指定されることが多いので、一部の有名大学などに募集枠が集中しがちです。その点、広くチャンスが開かれているといえます。もうひとつの特徴が、卒業後の就職等の条件も一切ないということです。

公益財団法人　電通育英会

概　要 1963年に(株)電通が設立した奨学財団

支援内容 月額7万円の奨学金(最長4年間)のほか、受験等助成金10万円、入学一時金30万円を給付

出身高校・大学を指定する手厚い支援内容

電通育英会は、日本の大手の広告会社である㈱電通が設立した奨学財団です。大学生に対して月額7万円(年額84万円)の奨学金に加えて、10万円の受験費用助成、初年度には入学一時金として30万円が給付される手厚い支援内容です。さらに奨学生を対象に、海外留学・活動支援として4年間で累計100万円まで支援する制度や大学院給付奨学制度も用意されています。

電通育英会の特徴のひとつは、大学だけでなく出身高校が指定されている点です。高校3年生の時点で応募する予約型となっており、財団指定の62大学に入学して正式採用となります。

電通育英会の魅力は経済支援だけにとどまりません。奨学生は財団が主催する各種セミナーや講演会、交流会などを通して、さまざまな分野の第一線で活躍する方々との人的ネットワークの形成やキャリア支援を受けられる多くの機会も用意されています。

公益財団法人　同盟育成会

概　要 共同通信社、時事通信社の前身である同盟通信社の流れをくむ奨学財団

支援内容 ジャーナリスト志望の大学生、大学院生へ奨学金を給付するほか、働きながら学ぶ学生に東京都内で格安の学生寮を提供

ジャーナリスト志望の人材を支援

1940年に同盟通信社長の古野伊之助氏が設立した財団。同盟通信社は現在の共同通信社と時事通信社の前身となる通信社です。

ジャーナリストやジャーナリズム研究者をめざす大学3年生、大学院生に「古野給付奨学生」として奨学金を給付。給付月額は大学生4万円、大学院生6万円でそれぞれ最長2年間支給されます。大学を通じて応募することになっているので、ジャーナリスト志望の大学1・2年生は、在籍する大学に確認してください。

そのほか、東京で働きながら学ぶ学生に「同盟学寮」という学生寮も提供しています。朝晩2食付きで月額3万円と破格の寮費であるうえ、白山(男子寮)、市谷(女子寮)と非常に便利なアクセス環境にあります。学生寮は直接応募の予約制となっており、学校の種類や学部・学科も問われないので、関心のある方は財団のホームページで詳細を確認してください。

一般財団法人　トヨタ女性技術者育成基金

概　要 トヨタグループ9社による理工系女子を対象にした奨学基金

支援内容 年額60万円を実質無利子で貸与し、基金参加企業や製造業社に就職すると貸与額の全額または半額の返済が免除される（※）

女性技術者育成のためのプログラムが充実

少し前に理工系分野の女性を指す〝リケジョ〟という言葉が流行りました。我が国ではあらゆる分野で女性の活躍が求められていながらも、その環境整備はまだ不十分で、とくに製造業分野での女性技術者が圧倒的に少ないのが現状です。

トヨタ女性技術者育成基金は、トヨタグループの9社が出資した奨学基金です。理工系分野の女子大学生に年間60万円を実質無利子で大学・大学院在学中の最長6年間貸与し、基金参加企業に就職すれば（※）返済が全額免除されるという内容です。興味深いのが、他の製造業社に入社した場合でも（※）半額が免除されるという点です。

そのほか、「エンジニアの仕事を知る」「先輩エンジニアとの交流」「自らのキャリアを考える」ための充実したさまざまな育成プログラムが用意され、奨学生の成長を促しています。トヨタ女性技術者育成基金は、次世代を担うリケジョ学生にとっては要チェックの奨学基金です。

（※）一定の条件あり

公益財団法人　似鳥国際奨学財団

概　要 2005年に似鳥昭雄氏［（株）ニトリホールディングス取締役会長兼CEO］の私財寄付により設立した奨学財団

支援内容 自宅生（月額5万円）、自宅外生（月額8万円）の奨学金を給付。給付期間は1年間。

大学生・高校生・中学生を対象に国内外の人材育成に貢献

似鳥国際奨学財団は、海外、とくにアジアからの留学生支援、人材育成を目的に2005年に似鳥昭雄氏［㈱ニトリホールディングス取締役会長兼CEO］の私財寄付により設立した奨学財団です。2016年からは日本人大学生への奨学金支援も開始し、自宅生（月額5万円）、自宅外生（月額8万円）の奨学金が給付されます。給付期間は1年間となっていますが、再選考による延長が可能です。

似鳥国際奨学財団では、高校生に給付型奨学金（月額4万円）を設けているほか、ひとり親家庭の中学生には月額3万円の奨学金の給付も行っています。大学生、高校生、中学生対象奨学金への応募は、財団のホームページから直接応募する形です。

ニトリの店舗数は北海道から沖縄まで国内500店舗を超え、インテリア小売業として多くの人が親しむ企業であり、2019年現在、海外でも71店舗展開しています。似鳥国際奨学財団は、国際貢献と国内外の人材育成に力を注ぐ財団です。

（株）ノバレーゼ

東京都

概　要 結婚式プロデュース、レストラン運営企業

支援内容 社員の奨学金の返済を最大200万円まで会社が支援

奨学金返済を抱える若手社員の発案で始まった支援制度

大和証券グループとあおぞら銀行が、2018年度から若手社員の奨学金の返済を支援する制度を開始したことが各種メディアで報じられました。売り手市場が続く大学生の就職戦線では、奨学金の返済支援を打ち出す企業が増えています。

ノバレーゼの奨学金返済支援は2012年から始まっており、もっとも早い時期から奨学金問題に取り組んでいる企業といえます。支援内容は、丸5年と丸10年勤続した社員の奨学金未返済分に対して最大100万円ずつ支給するというものです。興味深いのが、奨学金返済を抱えている若手社員の発案で同制度が設けられたという点です。当事者だからこそリアルに実感できるテーマだったのでしょう。

2020年度から始まる高等教育の無償化政策により、低所得層の経済負担は大きく軽減される一方で、中間所得世帯の奨学金負担はこれまで通りです。奨学金の返済支援をリクルーティングの手段とするのか、福利厚生とするのか、企業の取り組みは広がっていくと思われます。

ミライ塾

東京都

概　要 福祉施設で働きながら就学を支援する自立支援プログラム

支援内容 入学前と入学後に必要な学資を無利子貸与し、在学中の給与から少しずつ返済を行い、卒業後の返済負担をゼロまたは最小限の金額に抑える

介護・福祉問題と進学費用問題の双方に貢献

ミライ塾を創立した奥平幹也氏は、新聞奨学生として東京の私立大学を卒業しました。新聞奨学金は働きながら学ぶ代表的な制度といえますが、そのあり方にはつねに賛否の声が聞かれます。

自身が経験した新聞奨学制度の仕組みを参考に、より働きやすく学びやすい環境作りに努めているのが、介護・福祉分野に特化したミライ塾です。その特徴は、学生一人ひとりの状況をヒアリングし、各自の状況に応じた働き方のマッチングを行う方式で、在学中は面談・研修等を通して社会人基礎力を育成します。2019年度4月時点では28名の学生がミライ塾で進学を実現しています。

奨学金の支給は進学後であるため、ミライ塾では入学前の納付金も含めた学費を無利子で貸与し、毎月の給料から返済していく流れです。学生と施設企業のそれぞれの要望を調整し、たとえば週2日の夜勤勤務だけで月収16万円など、効率的に収入を得て学業に集中できる環境を整えることもできます。

富山県と地元企業

名　称　理工系・薬学部生対象奨学金返還助成制度

支援内容　県外大学を卒業する理工系または薬学系の学生が、県内の対象企業に正社員就職した場合、奨学金の返済を支援

富山県内の対象企業に正社員として雇用されることが条件

富山県の取り組みは、地場産業の強みを活かした若者の定住促進施策といえます。県外大学、大学院で理工系を学ぶ学生、または6年制の薬学生を対象に、日本学生支援機構の第一種奨学金または富山県奨学資金の返済支援を行うというものです。

支援を受けるためには、富山県内の対象企業に正社員として雇用されることが前提で、理工系学部生は貸与を受けた奨学金総額から2年分の返済額、理工系大学院生は修士課程2年分の総額、薬学生は5・6年次の2年分の総額、または1年次から6年次までの奨学金総額が返済支援されます。

富山と言えば「薬売り」が有名で、実際、医薬品の製造販売が盛んであるほか、日本海側最大の工業集積地として工業機械、電気電子系企業が数多くあります。

私立大学の理工系、薬学系学部の学費は高額なので、「理工系・薬学部生対象奨学金返還助成制度」は、学生と富山県内企業の双方にとって効果的なマッチングが期待できると思われます。

鳥取県

名　称　鳥取県未来人材育成奨学金支援助成金

支援内容　鳥取県内の対象業種に正規雇用された人の奨学金の返済を支援

県内への若者の定着と地域活性化をめざす長期的取り組み

「鳥取県未来人材育成奨学金支援助成金」は、鳥取県内の対象業種で正社員として採用された人の奨学金の返済を支援する制度です。出身地は問わず、日本学生支援機構以外の奨学金も助成対象としています。

鳥取県に限らず、地方ではとくに若い世代の人口流出が大きな問題となっています。奨学金の返済負担を軽減させることで、若者世代の定着、地域の活性化をめざした長期的な取り組みといえます。

【対象業種】製造業、IT企業、薬剤師の職域、建設業、建設コンサルタント業、旅館ホテル業、民間の保育士・幼稚園教諭の職域、農林水産業

【助成金上限額】大学院・薬学部（無利子奨学金216万円／有利子奨学金108万円）、大学（無利子奨学金144万円／有利子奨学金72万円）、高専（4年生以上）・短大・専門学校（無利子奨学金72万円／有利子奨学金36万円）※無利子と有利子の両方の奨学金を受けた場合は無利子が優先される。

沖縄県

名　称　県外進学大学生奨学金

支援内容　沖縄県外の指定35大学の進学者に対して、月額7万円の給付型奨学金と入学支度金として30万円以内を給付する

県外のスーパーグローバル大学進学者を支援

若い世代の人口流出を防ぐため、地元大学に進学した学生に奨学金支援を行うケースはありますが、沖縄県の「県外進学大学生奨学金」は、県外進学者に対する支援という点が特徴的です。

月額7万円（年額84万円）と入学支度金30万円以内を給付する手厚い支援内容ですが、対象となるのは文部科学省が採択したスーパーグローバル大学のなかの35校への進学者となっています。スーパーグローバル大学とは、世界レベルの教育研究を行う大学等を重点的に支援するために文部科学省が創設した事業で、国立21校、公立2校、私立14校の計37大学が選定されています。

沖縄は全国一の出生率を誇り、人口比率に占める若者世代が多い県です。しかしながら、1人当たりの県民所得が全国最下位レベルにあり、進学費用が沖縄の大きな課題です。「県外進学大学生奨学金」は、意欲のある学生に広い視野と経験を持ち、将来の沖縄を牽引するリーダーに成長してもらうための環境を提供する制度といえます。

Column 3

高等教育の無償化により、大学や地方自治体の実力度が問われる？

2020年度から始まる高等教育の無償化政策が、日本学生支援機構以外の奨学金制度に与える影響について考える必要があります。

大学独自の奨学金

すべての国立大学では、入学金や授業料の減免制度が以前から設けられています。予算の範囲内で全額や半額が免除される内容で、前期・後期の半期ごとに申請が行われます。気になるのが収入基準です。国立大学の授業料等の減免となる収入基準では、今度の無償化政策の基準よりも高く設定されているので、予算が変わらないのであれば、より多くの学生が恩恵を受けられることになります。

注目は私立大学です。多くの私立大学でも独自に給付型奨学金や学費の減免制度を設けており、収入基準は日本学生支援機構の貸与型の第一種奨学金を参考にしているケースが多く見られます。今後は、中間所得層への支援を拡充させるのか、それとも無償化の満額支援でない第2、第3区分の学生に対して追加支援を行うのか、各大学の姿勢と戦略が表れてくるでしょう。

民間団体の奨学金

難しい対応が求められるのが民間団体奨学金だと思います。奨学金制度を設ける民間団体では、他の給付型奨学金との併用は認められないが、学費の減免制度との併用はOKという条件を設けるケースがあります。今度の無償化政策では、給付型奨学金と学費の減免措置がセットになっていますが、本人の手続きにより給付型奨学金だけを停止することができます。つまり、民間の奨学金団体が掲げる条件によっては、大学入学後に無償化の手続きを行い、その後、国の給付型奨学金を辞退する手続きを行う必要が出てくるのです。実務レベルで考えると、少し面倒で複雑なやり取りが必要となる可能性があります。

地方自治体の奨学金

奨学金に対する意識改革がもっとも必要なのが地方自治体だと思います。一部の自治体では、卒業後の地元就職を条件に奨学金の返済を免除する取り組みが始まっていますが、大半の自治体の支援内容は単純に無利子で学資を貸し付けるというものです。貸与金額も日本学生支援機構よりも小さく、ほかの奨学金との併用を認めないケースが多く見られます。国の奨学金制度が年々進化するなか、従来通りの奨学金はその必要性が薄まっています。地方では若者世代の地元定着が大きな課題です。住民のニーズに合った魅力的な奨学金に取り組むかどうかが、自治体の本気度を測るひとつの指標となるかもしれません。

Part 4

データで見る日本の高等教育と奨学金

高校卒業後の進路、今と昔

進学に際して親子でコミュニケーションを

受験生を持つ保護者の年齢は40代がもっとも多い印象です。

進学に際して大切なことは親子のコミュニケーションですが、そうは言いながらも、親子の世代間ギャップがどうしても生じます。とくに進学や就職などは、経験した時代により価値観が大きく異なってきます。子どものことを思いながらも、親は自身の経験に引きずられて話をしてしまいがちです。しかし、高校卒業後の進路状況は昔と今とでは様変わりしているので、その事実を親子で理解するだけでも、コミュニケーションが円滑になると思います。

そこで、現在40〜50歳の方が18歳であった頃と、現在の高校卒業後の進路状況を比較してみましょう。

親の時代と現在とで進学率は様変わり

表⓭を見てください。興味深いのが1987年〜1997年の10年間に短大や専門学校の進学率にそれほどの変化は見られないものの、大学進学と就職に大きな変化が出てきていることです。昔は高校卒業後の進路の1位が就職でした。それが少しずつ上昇する大学進学率に反比例するかのように就職率が減少し続け、1996年には進路の1位が大学進学に入れ替わりました。

その後も大学進学率は上昇し続け、2019年には49・8%となりました。ただし、この数値は現役進学者のもので、浪人生を含めた大学進学率は53・7%と過去最高を更新しています。今では短大や専門学校などを含めると高校生の80%が進学するという、進学が当たり前の時代となっているのです。

●表⑬ 高校卒業後の進路状況

現年齢	誕生年	18歳時	大学	短大	専門学校	その他学校	就職	無業その他
50歳	1969年	1987年	18.5%	12.2%	13.3%	13.9%	35.6%	6.2%
49歳	1970年	1988年	18.3%	12.3%	14.2%	13.7%	35.0%	6.2%
48歳	1971年	1989年	17.9%	12.4%	14.9%	14.0%	34.7%	5.7%
47歳	1972年	1990年	17.8%	12.4%	15.8%	14.0%	34.4%	5.2%
46歳	1973年	1991年	18.5%	12.9%	15.6%	14.0%	33.7%	5.0%
45歳	1974年	1992年	19.2%	13.2%	16.4%	13.8%	32.3%	4.8%
44歳	1975年	1993年	20.5%	13.7%	16.6%	13.9%	29.7%	5.3%
43歳	1976年	1994年	21.9%	13.8%	16.6%	13.9%	26.9%	6.5%
42歳	1977年	1995年	23.6%	13.7%	16.7%	13.7%	24.9%	7.1%
41歳	1978年	1996年	25.3%	13.3%	16.9%	13.0%	23.6%	7.6%
40歳	1979年	1997年	27.4%	13.0%	16.8%	12.0%	22.8%	7.7%
18歳	2001年	2019年	49.8%	4.4%	16.4%	5.6%	17.6%	5.7%

卒業者総数：全日制・定時制高等学校
大学／学部　短大／本科　専門学校／専修学校専門課程
その他学校／専修学校一般課程、各種学校、公共職業能力開発施設等
2019年度は速報値（2019年8月8日）
出典：文部科学省「学校基本調査」より筆者作成

親の時代は大学に現役で進学する人が20%程度でしたが、今は約50%になっています。

高騰し続ける大学の学費

学費の高騰で奨学金が必要不可欠に

日本学生支援機構が設立された2004年頃、奨学金は世間で注目される存在ではありませんでした。実際、名刺交換の際に〝奨学金アドバイザー〟という私の肩書を見て、首を傾げる方がほとんどでした。ただ、少なくとも地方では、その頃から進学のために奨学金がなくてはならない存在となっていました。

当然ですが、奨学金を必要とする理由は高額な学費です。進学率の上昇と比例して学費も上昇し続けた結果、今では一般の家庭で簡単に負担できないほどにまでに高騰しています。

昔と比べて大学の学費はどれくらい上昇したのでしょうか。表⓮は30年間（1987～2017年）の大学の入学金・授業料の5年ごとの推移です。

国立大学は30年間で約1・8倍学費が上昇していますが、2005年度に現在の標準額に値上げされてからは変動がありません。一方、私立大学では年々学費の上昇が続き、30年前の約1・5倍となっています。さらに、私立大学で注意が必要なのが、学部系統で学費が異なることと、授業料以外に「施設設備費」などが毎年必要となる点です。

では、施設設備費も含めた私立大学の初年度納付金の平均額を見てみましょう（表⓯）。私立大学の医歯系学部の学費が高額なことは広く知られていますが、文系に比べて、理工系とその他学部の学費もかなり高額なことがわかります。ひとり親世帯はもちろんのこと、夫婦共稼ぎの世帯でも、子どもの進学費用が大きな負担になることは明らかです。

私立が支える日本の高等教育の現実

昔と比べると、国立大学の学費も今では決して安くはありませんが、そうはいっても私立大学との金額差は大きいのも事実です。さらに、国立大学では基本的には授業料だけで、私立大学のように施設費などは求められません。コスト面から「どうしても国公立！」という気持ちになると思います。

そこで、学校種別の設置数と在学者数を調べてみました。表⑯は入学者数ではなく在学者数の統計です。私立が占める割合が、大学（77・8％）、短大（94・6％）、専門学校（96・1％）となっており、日本の高等教育は私立の学校が支えていることがわかります。

この事実を踏まえると、学費問題も私立を中心に考えなければ、議論も見誤ってしまう可能性があります。

表⑭　国立大学と私立大学の入学金と授業料の推移

（単位：円）

年度		国立大学			私立大学		
西暦	和暦	入学金	授業料	計	入学金	授業料	計
1987年	昭和62年	150,000	300,000	450,000	245,263	517,395	762,658
▼							
1992年	平成4年	230,000	375,600	605,600	271,948	668,460	940,408
▼							
1997年	平成9年	270,000	469,200	739,200	288,471	757,158	1,045,629
▼							
2002年	平成14年	282,000	496,800	778,800	284,828	804,367	1,089,195
▼							
2007年	平成19年	282,000	535,800	817,800	273,564	834,751	1,108,315
▼							
2012年	平成24年	282,000	535,800	817,800	267,608	859,367	1,126,975
▼							
2017年	平成29年	282,000	535,800	817,800	252,030	900,093	1,152,123

出典：文部科学省「国公私立大学の授業料等の推移」

表⑮　私立大学の初年度納付金の平均額

系統	入学金	授業料	施設設備費	合計
文系学部	231,811円	781,003円	152,496円	1,165,310円
理工系学部	254,941円	1,101,854円	184,102円	1,540,896円
その他学部	264,503円	957,495円	230,103円	1,452,102円
医歯系学部	1,050,306円	2,847,940円	872,711円	4,770,957円

その他学部／家政、芸術、体育、保健

出典：文部科学省「平成29年度　私立大学入学者に係る初年度学生納付金平均額の調査結果」

表⑯　学校種別の設置数と学生数（2017年度）

区分	国立		公立		私立		学生数の私立割合
	設置数	学生数	設置数	学生数	設置数	学生数	
大学	86校	441,921名	90校	133,757名	604校	2,006,992名	77.8%
短大	0校	0名	17校	6,670名	320校	117,279名	94.6%
専門学校	9校	383名	188校	25,240名	2,975校	629,631名	96.1%

出典：文部科学省「学校基本調査」

高騰する学費と伸び悩む家庭の所得

子を持つ世帯の平均所得は1993年と同水準

保護者のみなさんは、昭和から平成を経て令和の時代を経験することになりますが、平成の30年間だけでも大きく社会が変化したことはご承知のとおりです。バブル景気、バブル崩壊、それに続く就職氷河期、リーマンショック……。40~50歳の人は同じ平成時代を生きながらも、年齢によって大きく社会観が異なるでしょう。一方、子どもたちの祖父母世代が子育てをした時代は、高度成長の影響を受け、日本全体が右肩上がりの時代でした。子を持つ世帯の収入は時代によってどのように変化したのか図③で見てみましょう。

1986年頃から1992年頃まではバブル景気の影響で家庭の所得も右肩上がりでした。しかし、1996年をピークに所得は長期的な減少傾向に入ります。2013年から上昇傾向に反転しますが、それでも2017年で24年前の1993年と同水準です。

ここで注意しなければならないのが、表の数値は平均額だという点です。一部の富裕層が平均額をつり上げてしまうので、所得順位がちょうど真ん中の人を指す中央値のほうが実態に近いはずです。実際、高齢世帯も含めたすべての世帯の2018年の平均所得は551万6000円と報告されていますが、中央値は423万円と100万円以上の開きがあります。したがって、子を持つ世帯の所得額も同様に割り引いて考えたほうがいいでしょう。

家庭の平均所得より学費の方がはるかに上昇

1987年から2017年までに消費者物価指数は約15%、子を持つ世帯の平均所得も約24%上昇しました。しかし、同期間の大学の学費の推移（49ページ）と比べると、国立、私立ともに学費がいかに高騰しているのか、おわかりいただけるでしょう。

● 図③　児童のいる世帯の平均所得金額（単位：万円）

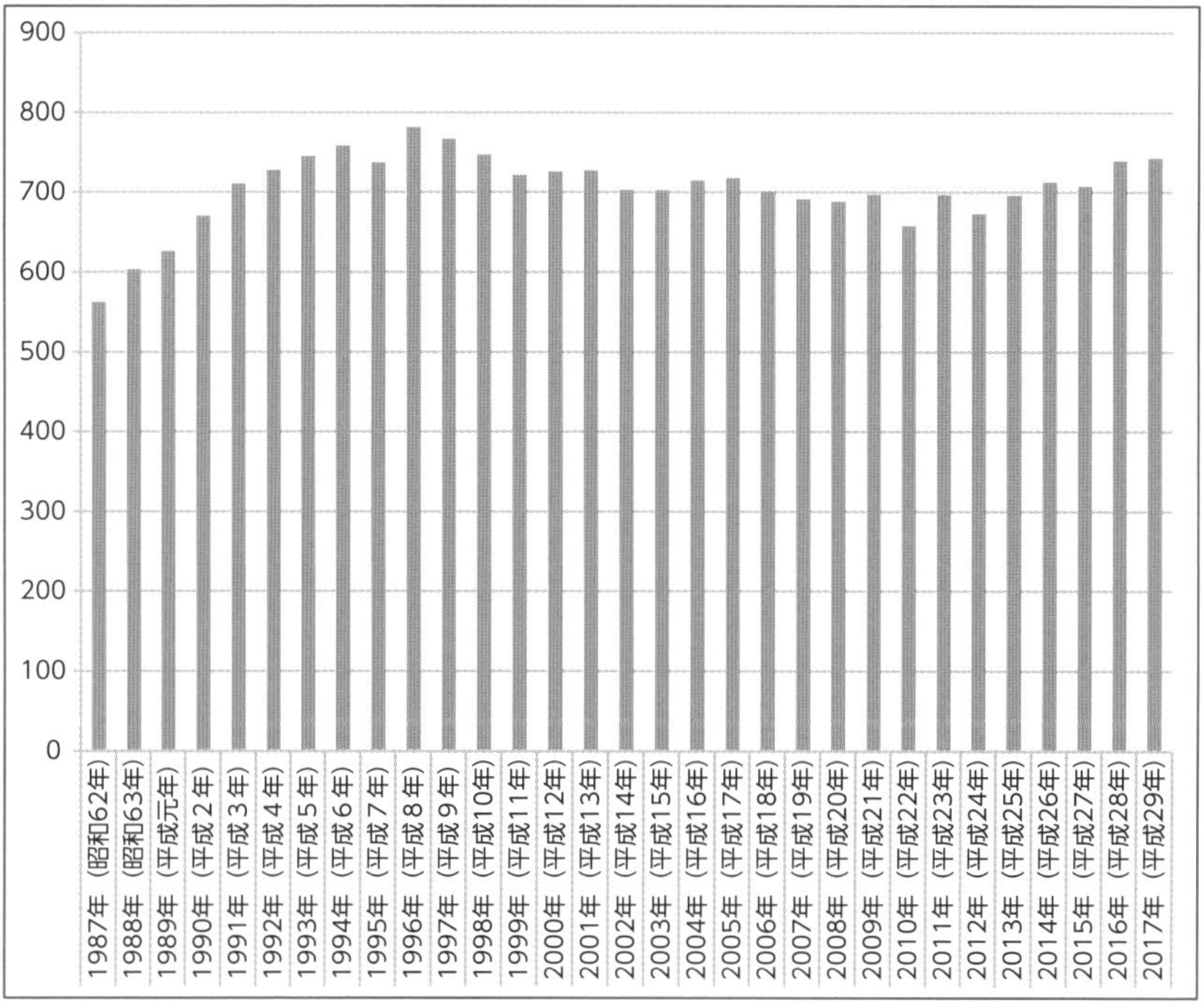

出典：厚生労働省「平成30年国民生活基礎調査」

平均所得と学費の30年間の上昇率は、
次の通りです。

子を持つ世帯の平均所得（上昇率24%）
消費者物価指数（上昇率15%）
国立大学の入学金+授業料（上昇率82%）
私立大学の入学金+授業料（上昇率51%）

増え続けた大学と減少する子どもの数

30年間で大学数は約1・7倍に

47ページで見たように、昔と今の進学率は違い、今では高校新卒者の49・8％、浪人生も含めると53・7％が大学に進学しています（2019年）。

しかし、超少子化社会に突入したなか、子どもの数と大学の数はつり合っているのか？　この点を考えることも大切です。表⓱で、文部科学省の学校基本調査から、高校卒業者数と大学の設置数などの推移を整理しました。

1980年代半ばから90年代前半までは受験戦争といわれた時代です。1987年の現役進学者が30万6000人とありますが、同年に16万人の浪人生が受験しているので、実際の入学者はもっと多かったと思います。それでも1987年当時の大学数は474校でした。それが、およそ30年後の2019年には786校と約1・7倍にまで増加しています。

大学が増えても進学率も上昇しているので一見問題がないように思えますが、忘れてはならないのが、冒頭にふれた急速に進む少子化の流れです。

表⓱を見ると、1992年の約180万7000人をピークに高校卒業者数が減少に向かい、2019年には約105万1000人とピーク時の6割ほどまで減少しています。また、1992年に現役対浪人比率が2対1であったのが、大学全入時代がいわれ始めた2011年には6対1となり、確実に入学者実数は減っています。

学生獲得競争の激化・淘汰の時代に

実際、日本私立学校・共済事業団によると、2018年度には私立大学の36・1％が定員割れとなっていることが報告されています。

年間出生数はすでに100万人を割り込み、2018年は92万1000人まで低下しています。大学にとっても酷寒の時代に入りました。

表⑰　高校卒業生数、大学進学率、大学設置数の推移

西暦	和暦	卒業者数	大学			
			現役進学率	現役進学者数	設置数	
1987年	昭和62年	1,654,685	18.5%	306,148	474	
1988年	昭和63年	1,653,156	18.3%	302,845	490	
1989年	平成元年	1,700,789	17.9%	305,235	499	
1990年	平成2年	1,766,917	17.8%	314,982	507	
1991年	平成3年	1,803,221	18.5%	333,317	514	
1992年	平成4年	1,807,175	19.2%	347,626	523	現役：浪人　2：1
1993年	平成5年	1,755,338	20.5%	360,553	534	
1994年	平成6年	1,658,949	21.9%	363,859	552	
1995年	平成7年	1,590,720	23.6%	374,676	565	
1996年	平成8年	1,554,549	25.3%	393,298	576	
1997年	平成9年	1,503,748	27.4%	411,590	586	
1998年	平成10年	1,441,061	29.6%	426,906	604	
1999年	平成11年	1,362,682	32.2%	439,449	622	
2000年	平成12年	1,328,902	34.9%	463,897	649	
2001年	平成13年	1,326,844	35.8%	475,394	669	
2002年	平成14年	1,314,809	36.2%	475,330	686	
2003年	平成15年	1,281,334	36.3%	465,372	702	
2004年	平成16年	1,235,012	37.2%	459,140	709	
2005年	平成17年	1,202,738	39.3%	472,897	726	
2006年	平成18年	1,171,501	41.8%	489,821	744	
2007年	平成19年	1,147,159	44.1%	505,378	756	
2008年	平成20年	1,088,170	45.9%	499,991	765	
2009年	平成21年	1,063,581	47.3%	502,627	773	
2010年	平成22年	1,069,129	47.8%	511,397	778	
2011年	平成23年	1,061,564	47.6%	505,702	780	現役：浪人　6：1
2012年	平成24年	1,053,180	47.6%	501,305	783	
2013年	平成25年	1,088,124	47.3%	514,905	782	
2014年	平成26年	1,047,392	48.0%	502,279	781	
2015年	平成27年	1,064,376	48.8%	519,132	779	
2016年	平成28年	1,059,266	49.2%	521,320	777	
2017年	平成29年	1,069,568	49.4%	528,686	780	
2018年	平成30年	1,056,378	49.6%	524,158	782	
2019年	平成31年	1,051,246	49.8%	523,785	786	

出典：文部科学省「学校基本調査」

1992年をピークに高校卒業者は減少傾向。現役比率が増しているということは、大学の学生獲得競争が激化し、「売り手市場」化していることを示しています。

日本学生支援機構奨学金のすがた

奨学金は重要な社会インフラ

以前から奨学金に関心を持っている知人の新聞記者によると、奨学金に怖いイメージを持つ学生が増えているように感じるとのこと。じつは私も同じような思いを持っています。

奨学金問題がメディアで取り上げられる際には、日本学生支援機構が槍玉にあげられることが多いためか、とくにネット上では「借金地獄」「奨学金破産」といったショッキングな言葉が飛び交っています。

たしかに、現行制度や日本学生支援機構の運営体制に問題があることを私自身も感じています。しかし、奨学金に対するマイナスイメージが先行し過ぎると、良い情報さえもシャットダウンされかねません。賛否はあっても、今では奨学金が多くの家庭にとって必要な社会インフラとなっていることは確かです。そこで、各種公表データから、日本の奨学金のすがたを俯瞰《ふかん》してみたいと思います。

表⑱を見てください。日本学生支援機構の奨学金は年間の貸与額が1兆円を超えており、これは日本のすべての奨学金事業額の9割近くを占めるほどの規模です。また貸与人員も、2019年の新卒大学入学者数が52万人であることを考えると、いかに多くの学生が日本学生支援機構の奨学金に頼っているかが想像できます。

学生の進学とともに学校経営も支える

表⑲は、貸与型奨学金の利用割合を表しています。

日本学生支援機構が設立された2004年度と2017年度との比較を見ると、すべての学校種別で利用率が上昇しています。

目を惹くのが、短大・専門学校のほうが大学よりも利用率が高まっている点です。単純に考えると、大学（4年）よりも短大・専門学校（2年）のほうが費用負担は少ないはずです。しかしながら、奨学金の利用率では逆転現象が見られます。

よりわかりやすくイメージしてもらうため、1クラス40人ならば利用者が何人いるのか計算すると、大学約15名、短大約18名、専門学校約17名となります。

短大と専門学校ではクラスの半数近くが利用している事実から考えると、奨学金が学生の進学を支えるとともに、学校経営自体も奨学金に支えられているすがたが浮かび上がってきます。

学校経営ということは、そこで働く教職員の給与やボーナスの一部が奨学金から支払われているということです。その事実をすべての教職員は自覚し、真摯に学生に向き合うべきだと考えます。

表⑱　日本学生支援機構奨学金の規模（2017年度）

- 年間貸与人員　129万人
- 年間貸与額　1兆156億円

出典：日本学生支援機構「奨学金事業への理解を深めていただくために」2019年2月

多くの学生が日本学生支援機構の奨学金に支えられて進学しています。

表⑲　日本学生支援機構　貸与型奨学金の利用率

種別	2004年度		2017年度	
	利用率	何人に1人	利用率	何人に1人
大学	23.5%	4.3人	37.1%	2.7人
短期大学	21,2%	4.7人	44.9%	2.2人
専門学校	16.5%	6.1人	41.3%	2.4人

出典：日本学生支援機構「奨学金事業への理解を深めていただくために」2019年2月

費用負担が少ないはずの短大・専門学校で利用率が高まっている点に注目。

無利子奨学金と有利子奨学金の割合

政府の方針は無利子の拡充へ

2017年度に給付型奨学金が創設されるまで、国の奨学金は貸与型のみでした。

日本学生支援機構の貸与型奨学金には無利子と有利子の2種類があります。ここでは、それぞれの利用割合などに着目して考えてみます。

日本学生支援機構が設立された2004年度から2017年度までの予算額の推移（図④）を見てみると、無利子の予算はほぼ変わらず、有利子奨学金を軸に日本の奨学金事業が拡大していったことがわかります。しかし、数年前に政府が「有利子から無利子へ」と政策転換したことで、無利子奨学金が拡充される方向には進んでいます。

気になるのが、2014年度から貸与額が減少傾向に入っている点です。これは利用者数も同じです。その間、高校卒業者数も進学率も下がっているわけではないので、前ページで触れた〝奨学金＝怖いもの〟というイメージが広がった影響であれば心配です。

現状では有利子奨学金が中心

表⓴は、2017年度の無利子、有利子別奨学金の内訳です。

人数ベースで見ると、有利子は無利子の1・5倍です。しかし、貸与額ベースでは、有利子が無利子の2倍の規模です。その理由は無利子奨学金の貸与条件にあると考えていますが、詳しくは73ページで解説します。

では、ひとりあたりの借入額はどれくらいでしょうか。貸与総額が241万円なら、卒業後の毎月の返済額は約1万3400円、343万円ならば約1万4500円ほどでしょう（表㉑）。ただし、これはあくまでも平均額なので、借りた総額が多ければそれだけ返済額も大きくなります。

図④　日本学生支援機構奨学金　貸与額の推移 (単位：億円)

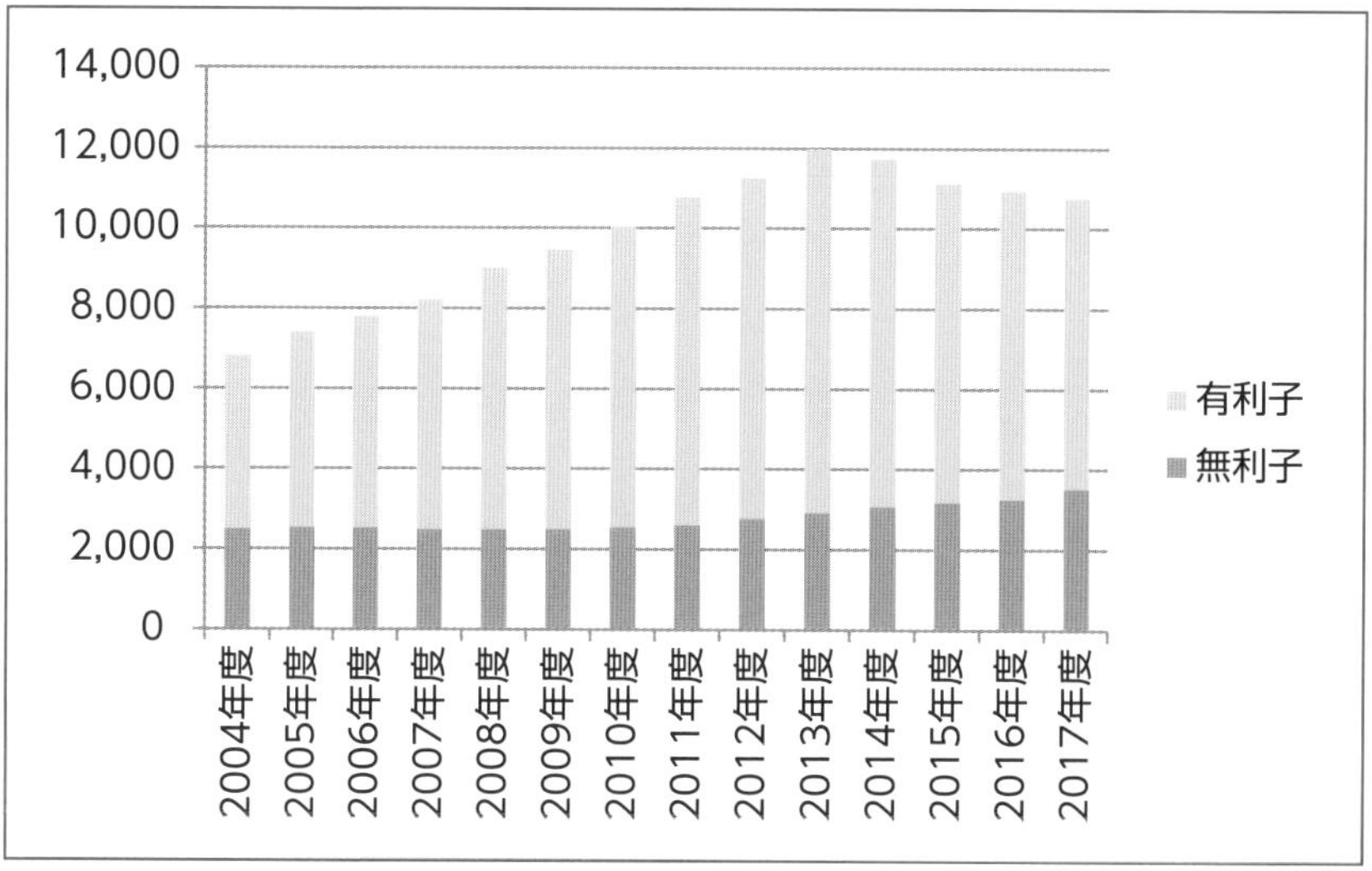

出典：文部科学省ホームページ

表⑳　無利子・有利子別　奨学金の利用割合(2017年度)

	貸与人数	貸与額
無利子奨学金	52万人	3,329億円
有利子奨学金	77.2万人	6,827億円

出典：日本学生支援機構「奨学金事業への理解を深めていただくために」2019年2月

表㉑　大学生ひとりあたりの貸与総額

(2017年3月貸与終了者)

第一種奨学金 (無利子) 241万円
返済月額／約1万3400円　返済年数／15年
第二種奨学金 (有利子) 343万円
返済月額／約1万4500円　返済年数／20年

無利子の奨学金が拡充される方向にはあるものの、現状ではまだ有利子が中心です。

広がる民間や自治体の取り組み

特徴ある民間・自治体の奨学金制度

日本学生支援機構が我が国の奨学金事業規模の9割近くを占めているとはいえ、奨学金支援に取り組む民間や地方自治体の動きも広まっています。見方によっては、国による画一的な制度よりも、創設者の思いや地域が抱える課題を反映した特徴のある制度といえます。

日本学生支援機構では「奨学事業に関する実態調査」として、3年ごとに全国の奨学金事業の調査結果を公表しています。表㉒を見てください。実施団体別の奨学金制度数の推移を見てみると、2013年度に全国で8664制度あったものが、3年後の2016年度には1万1204制度と2540制度も増えています。

奨学金の返済負担が広く知られるようになったことで、奨学金に関心を寄せる企業や自治体が増えたからでしょうか。そして注目すべきは、民間団体のなかで公益団体と医療関係機関の奨学金が急増しているという点です。

貸与と給付の割合は実施団体により異なる

続いて表㉓で、貸与と給付の割合も見てみます。奨学金を検討するときにもっとも気になるのが「借りるのか」「もらえるのか」という点だと思いますが、実施団体により貸与と給付の割合は大きく異なっています。併用とは、支給額の一部を返済不要とするなどの奨学金だと理解していいでしょう。貸与か給付かは、各奨学団体の目的や財源が関係していると考えますが、個別にいくつか特徴を解説します。

■地方公共団体の奨学金

都道府県、市区町村など地方自治体が独自に設ける奨学金では、無利子の貸与型が一般的です。しかし、最近では給付型を設けたり、地元就職で返済が免除されるなど、新たな制度に取り組む動きが広がっています。

■学校・公益団体の奨学金

学校と公益団体の奨学金の大半が給付型というのが魅力です。しかも、制度数そのものももっとも多いので、給付型を狙うならば、学校独自と公益団体などの民間奨学金だといえます。

■医療関係機関の奨学金

奨学金制度数は急増していますが、ほとんどが貸与型です。その理由は、在学中に奨学金を貸し付け、卒業後に一定期間働くと返済が免除されるという、看護師などによくある、いわゆる「お礼奉公型」が主流となっているからだと思われます。

高等教育の無償化政策の影響を受け、これらの奨学金制度も変わってくる可能性があります。これからの動きに注視したいと思います。

●表㉒　全国の奨学金制度数

区分	地方公共団体	学校	民間団体				計
			公益団体	医療関係機関	営利法人	個人・その他	
2016年度	1,514	7,943	1,045	608	36	58	11,204
2013年度	1,319	6,441	608	234	12	50	8,664

出典：日本学生支援機構「2016年度奨学事業に関する実態調査報告」より筆者作成

●表㉓　貸与と給付の割合（2016年度）

区分	地方公共団体	学校	民間団体			
			公益団体	医療関係機関	営利法人	個人・その他
貸与	74.8%	15.2%	28.1%	92.8%	44.4%	19.0%
給付	24.1%	84.5%	70.2%	5.1%	47.2%	81.0%
併用	1.1%	0.3%	1.6%	2.1%	8.3%	0%

出典：日本学生支援機構「2016年度奨学事業に関する実態調査報告」より筆者作成

さまざまなタイプの民間・自治体による奨学金も増えています。
ライフプランに合う奨学金を積極的に調べましょう。

Column 4

スカラシップ・アドバイザーは奨学金の専門家といえるのか？

２０１３年の夏ごろと記憶しています。日本学生支援機構のある幹部から連絡がありました。当時は、日本学生支援機構へのバッシングが強まり始めた時期であり、現場を知る立場から意見を聞かせてほしいということでした。その後、月に1回ほどのペースで意見交換を続けるなか、奨学金のメリットとリスクを客観的に伝える「奨学金アドバイザー」の育成が求められるという主旨の提案書を提出しました。その幹部は、日本ファイナンシャル・プランナーズ協会に話を持ち掛け、好感触を得たとの報告を受けましたが、それ以降は音信が途絶えてしまいました。

現在、日本学生支援機構では「スカラシップ・アドバイザー」を高校や大学に派遣する事業を行っています。こちらには一切連絡がないままですので、おそらく私からの提案書ではなく、機構関係者のものとして検討を進めていったのでしょう。そのやり方には正直不快感を覚えましたが、私自身の現場経験から必要と感じた施策が実現して良かったと思っていました。

問題はその質です。「スカラシップ・アドバイザー」は、日本ファイナンシャル・プランナーズ協会と金融財政事情研究会ファイナンシャル・プランニング技能士センターの会員のなかで、わずか数時間の研修を受け、試験に合格した人に認定されます。受講者から聞いた限りでは、試験のレベルは低く、奨学金担当教員であればだれもがわかる程度の内容です。ファイナンシャル・プランナーは広く金融知識を持っているかもしれませんが、奨学金の専門家ではありません。しかも、奨学金については、大学や専門学校の状況、入試動向など教育関連の多様な知識も不可欠です。

スカラシップ・アドバイザーについて、耳に入ってくる学校関係者の声は酷評ばかりです。当方へのリップサービスと半分は割り引いて聞いていますが、「機構が用意したスライドを台本通りに読み、基本的には質問にも答え（られ）ない」、「なかには間違った情報を伝える人も」など。これならば、今はやりのAIに任せたほうがよほど効果的でしょう。難しいことをわかりやすく伝える伝道師は必要です。ただし、それは本物のプロ、専門家でなくてはなりません。

冒頭の幹部には「特定の団体の利権にしてはならない」「数に走らず質の担保が第一」この2点を強く伝えたつもりですが、残念ながら真逆の結果となりました。

進学は子どもたちとその家族の将来に大きな影響を与えます。私自身も毎回意識していますが、伝道師は、その責任の重さと怖さを背負い、一期一会の覚悟で臨むべきです。スカラシップ・アドバイザーとして思い当たるふしのある方は、今からでも本気で勉強してほしいと思います。

Part 5

奨学金まるわかり Q＆A

奨学金を利用したい本人と保護者の立場に立って、
これまでに寄せられた相談実例や質問をもとに
Q＆A形式で解説します。

Q 001

奨学金には、どんな種類がありますか？

高校生・男子

左の図⑤を見てください。奨学金には大きく分けると**「公的」なものと「民間」のもの**があります。公的なものというのは、国や地方自治体が行っている奨学金。民間のものというのは、企業や資産家の出資、善意の寄付金などで運営されている奨学金のことです。

公的なものと民間のものは、それぞれ、**返済が必要な「貸与型」と返済の必要のない「給付型」**に分かれます。できるものなら、給付型を選びたいものですが、返済をしなくていい給付型は、だれでも簡単にその恩恵に浴せるわけではありません（Q2参照）。さらに、**貸与型の奨学金には、返済時に利息のつく有利子のものと、利息のつかない無利子のもの**があります。

ここでは、次の4つのポイントをおさえておきましょう。

①公的な奨学金には、国の奨学金（日本学生支援機構）と地方自治体の奨学金がある。

②国の奨学金は、収入の厳しい一部の世帯を対象にした給付型を除き、すべて貸与型で返済の義務があ

図⑤　奨学金のしくみ

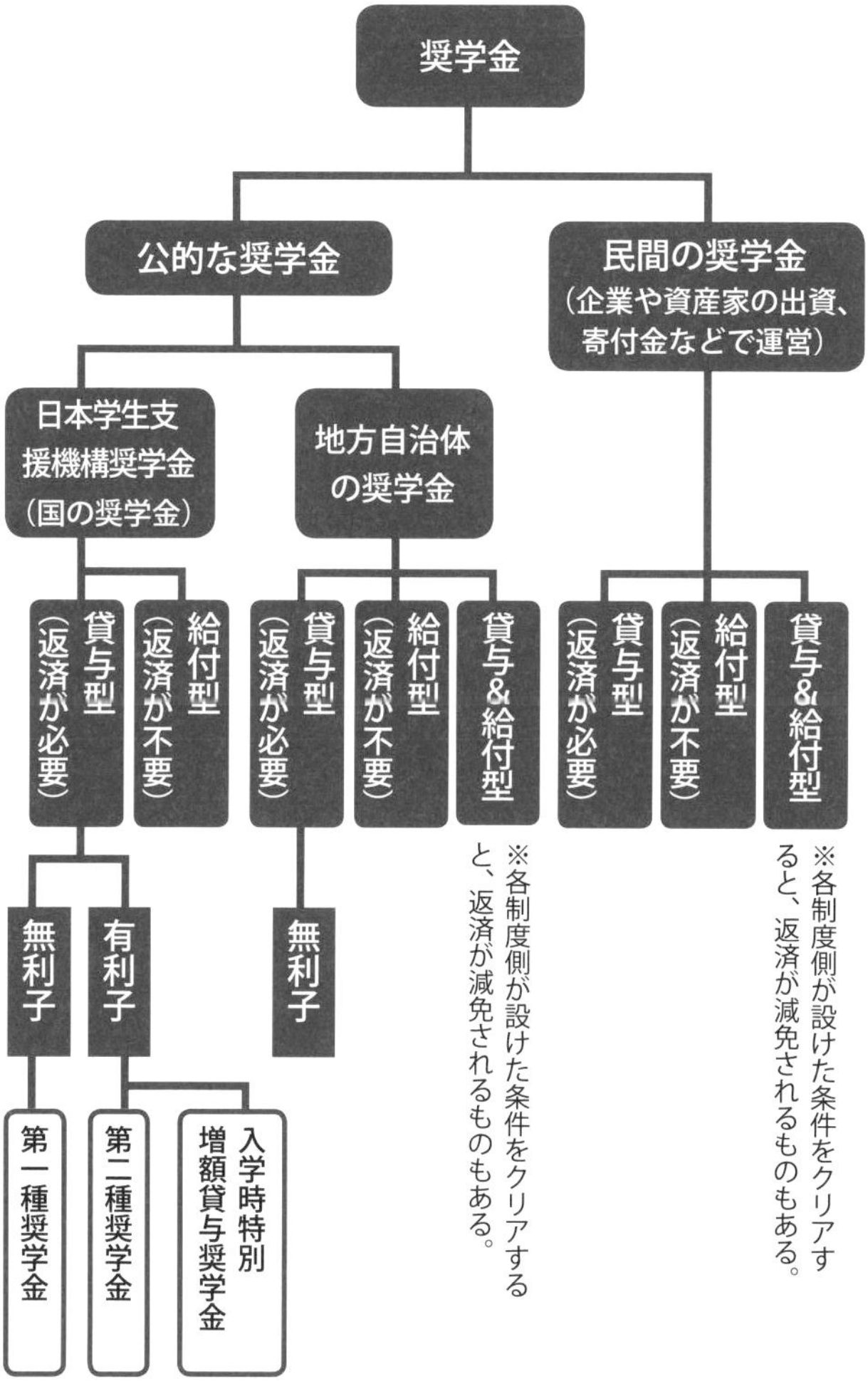

り、有利子と無利子のものがある。

③地方自治体の奨学金には、貸与型・給付型・貸与&給付型がある。無利子が基本。

④民間の奨学金には、貸与型・給付型・貸与&給付型がある。

奨学金を受けようと思った人は、まずそれぞれの特徴を理解したうえで、どのタイプの奨学金がいいか、おおまかな目安をつけておきましょう。

Q 002

「貸与型」と「給付型」。それぞれの違いを、詳しく教えてください！

高校生・女子

「貸与型」とは返済が必要な奨学金です。返済は、大学卒業後から始まります。毎月返済していきますが、返済額は借りた総額によって異なり、返済期間は約10～20年と長期にわたります。

給付型の奨学金は返済の義務がない、〝もらえる〟奨学金です。一般的に、奨学金は成績と家庭の収入状況をもとに審査されますが、**国の給付型奨学金では収入状況が重視**されます。それに対して、民間や大学が独自に行う給付型奨学金では、成績重視の傾向が多いです。支給方法は、毎月振り込まれるものや年に何回か分割で支給されるものなど、運営団体によってさまざまです。また、学費の全額、あるいは一部を免除してもらえる「減免型」もあり、現金が直接支給されるわけではありませんが、給付型と同じメリットを受けられます。

貸与型&給付型の奨学金とは、奨学団体が設ける一定の条件を満たすことで返済が減免されるものです。奨学金そのものは貸与型ですが、結果的には返済が免除されて、給付型の奨学金に変わるというものです。

Q 003

高校で「日本学生支援機構」のパンフレットを配られました。日本学生支援機構って何ですか？

高校生・男子

「日本学生支援機構」とは、文部科学省所管の独立行政法人で、国の奨学金事業や留学生支援などの業務を行っています。現在、日本のすべての奨学金事業予算額の約90％を占めており、**もっとも多くの人が利用している代表的な奨学金**です。全国の高校で、3年の1学期早々には日本学生支援機構のパンフレットが配布され、説明会が開かれたりします。

日本学生支援機構の前身は、戦中の1943年に創設された、**財団法人大日本育英会**（53年、日本育英会に名称変更）で、「成績優秀だが貧しく修学が困難な学生に奨学金を貸与する」ことを目的としていましたが、2004年、日本育英会が廃止されて、日本学生支援機構に奨学金事業が引き継がれました。ですので、みなさんの親世代にとっては、**「日本育英会」**といったほうがなじみ深いはずです。

奨学金について親と相談するときには、「日本学生支援機構とは、昔の日本育英会のことだよ」と話せば、理解しやすくなると思います。

Q 004

予約採用って何ですか？在学採用って何ですか？

高校生・男子

日本学生支援機構が支給する貸与型と給付型の奨学金の申し込み方法のことです。申し込み方法は2種類あり、それが予約採用と在学採用です。

■奨学金の申し込み方法

①予約採用—高校3年生の時点で進学後の奨学金を予約する申し込み方法。

多くの高校では5〜6月頃と10〜11月頃の2回に分けて、予約採用の募集を行っています。募集業務は日本学生支援機構が高校に一任しています。高校ごとに締切日が異なるほか、まれに2回目の募集を行わない学校があるので注意が必要です。高校卒業後2年目までは、予約採用での申し込みが可能です。

②在学採用—進学した大学や専門学校を通して申し込む方法。

大学や専門学校に進学した直後の4月頃に説明会が開催され、原則年1回だけの募集となっています。奨学金を借りる計画があれば、大学や専門学校に、あらかじめ説明会・募集の期間などを確認しましょう。

Q 005

もうすぐ高3なのに、まだ進路が決まらない娘。でも、日本学生支援機構の奨学金は申し込んだほうがいいの？

保護者

「子どもの進路がまだ決まっていないから、奨学金の手続きを見送った」という保護者がときどきいますが、**奨学金を借りる可能性があるのなら、進路が決まっていなくても申し込んだほうがいい**でしょう。

日本学生支援機構奨学金を申し込む際には、高校時代に進学後の奨学金を予約する「予約採用」と、大学や専門学校に進学後に申し込む「在学採用」の2つの方法があります（Q4参照）。

予約採用を申し込んだ後、「やっぱり進学しない」「奨学金を使わない」ということになったときは、奨学金そのものを辞退することができます。予約採用の際には、毎月いくら借りるか金額を決めなくてはいけませんが、金額も含めてほとんどの重要項目は、大学や専門学校に入学後の4月に行う「進学届」提出時に変更することができます。

奨学金を辞退した、変更したからといってペナルティーが与えられるわけでもないので、現時点で奨学金を借りる可能性があるのなら、予約採用で申し込んでおくのがお勧めです。

Q
006

奨学金を利用するつもりですが、いったいいくらくらい借りられるものなのですか？

高校生・女子

いったい、いくら借りられるかが重要ですね。

奨学金の貸与額はそれぞれ種類によって異なり、次の3種類のなかから希望するものを選択できます。

■第一種奨学金――進学先が国公立か私立か、自宅生か自宅外生か、大学か短大か専門学校かによって、最高貸与額が異なります。また、家庭の収入によっては「その他の月額」からの選択となります。貸与額については、左ページにまとめましたのでご覧ください。この奨学金には利息がつきません。

■第二種奨学金――進路や通学環境にかかわらず、月額2万円～12万円のなかから、1万円単位で希望する金額を自由に選択できます。返済時に利息が加わりますが、その上限利率は、3％までと制限されています。

■第一種と第二種の併用貸与――無利子の第一種奨学金と有利子の第二種奨学金の両方ともを借りることを「併用貸与」と呼んでいます。ただし、併用貸与が利用できるのは、第一種奨学金の最高月額に採用さ

●表㉔　日本学生支援機構奨学金の貸与額(2019年度実績)

			国公立		私立	
			自宅生	自宅外生	自宅生	自宅外生
第一種奨学金	最高月額	大学	45,000円	51,000円	54,000円	64,000円
		短大 専門学校	45,000円	51,000円	53,000円	60,000円
	その他の月額	大学 短大 専門学校				50,000円
				40,000円	40,000円	40,000円
			30,000円	30,000円	30,000円	30,000円
			20,000円	20,000円	20,000円	20,000円
第二種奨学金	貸与月額	進路にかかわらず、 2万円、3万円、4万円、5万円、6万円、7万円、 8万円、9万円、10万円、11万円、12万円から選択 ※私立大学の薬学・獣医学課程は2万円の増額可(月額14万円) ※私立大学の医学・歯学課程は4万円の増額可(月額16万円)				
入学時特別増額貸与奨学金	貸与金額	進路にかかわらず、 10万円、20万円、30万円、40万円、50万円から選択				

れた人だけになります。

■入学時特別増額貸与奨学金――名称の通り、入学初年度に一度だけ支給される有利子の奨学金です。進路や進学環境にかかわらず、10万円、20万円、30万円、40万円、50万円から選択できます。

ただし、「入学時」と名称がついていますが、この奨学金の支給も進学後となっているので注意が必要です。入学〝後〟特別増額と覚えてもらったほうが間違いが少なくなるかもしれません。

申請時に進学先が決まっていなくて、いくらぐらい借りればいいのか見当がつかなかったとしても、あとから借りる額を変更することができるので、安心して申し込んでください。

Q
007

奨学金を借りる予定ですが、返済のことを考えると不安です。少なめに借りたほうがいいですよね？

高校生・女子

将来の返済のことを考えると、借りる金額を少しでも少なくしたいと考えるのは当然です。実際、日本学生支援機構でも奨学金を借り過ぎないように注意を促しており、高校の説明会でも同様の指導を行っています。しかし、私は借りる金額が少ないほどよいとは考えてはいません。奨学金を借り過ぎないようにという点は同感ですが、**〝適正額を借りる〟ことが重要**だとアドバイスしています。

月額を決める際、一番留意したいのは、1年目で〝お金が不足する事態〟を避けることです。日本学生支援機構の奨学金は有利子のものでも在学中は利息が発生しませんし、進学後にいつでも月々の金額を変更できるので、1年目は余裕を持った金額を借りることを勧めています。ギリギリの生活でアルバイト三昧になるよりも、余裕のある金額を設定するほうが、学業に専念できる環境作りに役立つのではないでしょうか。2年目以降、生活の実態に合わせて金額を減額、あるいは増額することを考えればいいと思います。

Q 008

奨学金には利息がつくんですよね？どれだけつくのか、心配です。

高校生・女子

高校生だけでなく、多くの保護者も奨学金の利息に不安を覚えています。貸与型でさらに利息を取る限り、**奨学金の実質は学生ローン**です。

奨学金の実際の利息ですが、一般のローンと比べてかなり低いという事実を知ってください。**日本学生支援機構の奨学金の利率は、上限3・0％と制限**されており、世のなか全般の金利が上昇しても、この上限利率を超えることはありません。これが一般の銀行ローンなどと奨学金との大きな違いです。

奨学金の利率は借り終わった時点で決まります。つまり、卒業まで借りればその月の利率が適用されます。執筆時点で最新となる2019年11月の利率を見ると、利率固定方式0・143％、利率見直し方式0・003％と上限の3・0％よりもはるかに低いものとなっています。

さらに、一般のローンと異なり、奨学金は在学中は利息が発生しません。利息を嫌って第一種奨学金にこだわり過ぎるのではなく、実際の利率を理解して柔軟に考えることも大切です。

Q 009

子どもの成績がよくないのですが、奨学金を利用することはできるのでしょうか？

保護者

保護者世代にとって奨学金とは、〝成績優秀者が利用できるもの〟というイメージが強いと思います。奨学金は成績と家庭の経済状況をもとに審査されますが、今はその採用基準が昔とは大きく変わりました。無利子の「第一種奨学金」には明確に成績基準が設けられていますが、第二種奨学金の成績基準はかなりゆるやかで、次の①〜③のいずれかに該当するものとなっています。

■第二種奨学金の成績基準

①在籍する学校での成績が平均以上である。
②特定の分野で優れた資質能力があると認められる。
③大学などでの学修に意欲があり、学業を修了できる見込みがある。

ポイントは③です。第二種奨学金の成績条件はいずれかひとつを満たせばＯＫなので、**進学を志すすべての学生が、第二種奨学金の成績基準を満たしている**と考えていいでしょう。

Q
010

日本学生支援機構の「無利子」の奨学金を借りるには、どれくらいの成績が必要ですか？

高校生・女子

日本学生支援機構の「無利子」の奨学金とは、「第一種奨学金」のことです（Q6参照）。「無利子」である第一種奨学金は、明確に成績基準が設けられています。この奨学金の成績基準を見てみましょう。

■第一種奨学金の成績基準

①予約採用―申し込み時までの成績が、5段階評価で3.5以上（大学・専門学校共通）。

②在学採用―1年次（高校2年生～3年生の成績が5段階評価で大学3.5以上、専門学校3.2以上）、2年次以上（在籍する学部〈科〉で上位3分の1以内）。

ただし、住民税非課税世帯や生活保護世帯など、とくに経済的に厳しい世帯については成績基準はありません。以前は、第一種奨学金は予算の関係で選抜型となっていましたが、現在では、成績と家計基準を満たせば全員が採用されるので、安心して申し込んでください。

Q 011

第一種奨学金の成績基準は、いつからいつまでの成績を確認するのですか？

高校生・女子

これも高校生からはよく受ける質問です。

Q10にもあるように、日本学生支援機構の**第一種奨学金の成績基準は、予約採用では高校1年生から申し込み時点までの成績を平均したもの**が基準となります。大学や専門学校へ入学した後に申し込む**在学採用では、高校2年生から3年生の最終2年間の成績が基準**となります。

つまり、第一種奨学金を狙うなら、受験のときだけがんばるのではなく、高校1年生のときからつねにコツコツと勉強していないといけないということです。推薦入試（学校推薦型選抜）やAO入試（総合型選抜）では、成績基準を4・0以上としている大学は数多くありますから、それらと比べると3・5以上という条件は決して高いハードルではないでしょう。

第一種奨学金の採用枠は増加傾向にありますが、それでも予算規模で見ると第二種奨学金の半分程度というのが実情です（平成29年度）。第一種奨学金を望むならば、高校の3年間、努力を積み重ねてください。

Q
012

無利子の奨学金の採用が厳しくなると聞いたのですが？

保護者

以前は無利子の第一種奨学金は選抜型でした。しかし、現在では基準を満たせば全員が採用されるうえ、住民税非課税世帯などには成績基準も実質的に撤廃されています。そういう意味では、第一種奨学金はこれまでよりも間口が広げられたといえます。しかし、平成30年度から、第一種奨学金の貸与月額の選択肢が増やされるとともに、**最高月額を希望する場合の収入基準がこれまでよりも厳しくなりました。**

令和2年度入学者の予約採用の例で見ると、4人世帯のサラリーマン家庭の収入基準の目安は、第一種（747万円以下）、第二種（1100万円以下）、第一種と第二種の併用（686万円以下）となっていますが、**第一種の最高月額を希望する場合の収入基準は「第一種と第二種の併用（686万円以下）」と同額**になります。

最高月額の収入基準を超える家庭は、「その他の月額」から選択しなくてはなりません。つまり、採用はされるけども、最高月額を利用できないことがある、と理解してください。

Q 013

どうしても奨学金が必要ですが、コースの選び方がわかりません。

保護者

日本学生支援機構の奨学金の実際の申請作業は、スカラネットという専用のホームページにアクセスして行います。そこで、まず重要なのが、希望する奨学金の選択です。じつはこのコースの意味を正確に理解しないまま申し込み、後悔している保護者から相談を受けることがよくあります。そこで、平成31年度「在学採用」を例に内容を解説します。

■選択する奨学金のコース　＊平成31年度入学者・**在学採用の場合**

①第一種奨学金のみを希望します。

第一種奨学金だけを希望するといった単願（専願）であり、第一種奨学金が不採用になったら奨学金そのものを希望しないという意味です。

②第一種奨学金を希望するが、不採用の場合は第二種奨学金を希望します。

第一希望が第一種奨学金、第二希望が第二種奨学金という意味です。

③第二種奨学金のみを希望します。

第二種奨学金だけを希望するといった単願（専願）です。

④第一種奨学金と第二種奨学金の併用貸与のみを希望します。

併用貸与（第一種奨学金と第二種奨学金の両方を同時に借りる）という選択だけを希望するもので、この希望が不採用になると、奨学金そのものを希望しないという意味です。

⑤併用貸与を希望するが、不採用の場合は第一種奨学金のみを希望します。

第一希望が併用貸与、第二希望が第一種奨学金という意味ですが、第一、第二希望ともに不採用となる可能性があります。

⑥併用貸与不採用および第一種奨学金不採用の場合は、第二種奨学金を希望します。

第一希望が併用貸与、第二希望が第一種奨学金、第三希望が第二種奨学金という意味です。

⑦併用貸与不採用の場合は、第二種奨学金のみを希望します。

第一希望が併用貸与、第二希望が第二種奨学金という意味です。

注意していただきたいのが①④⑤です。「〇〇のみを希望する」の文脈をじっくりと読み込んでください。これは希望が通らなければ、奨学金そのものを必要としないという意味です。奨学金が必要であるならば、②⑥⑦のように保険として必ず、第二種奨学金を含むコースを選択してください。

Q 014

奨学金も併願より単願を選んだほうが有利ですよね？

保護者

いいえ、そんなことはありません。じつは、これと同じような質問を受けることがありますが、それはまったくの誤解です。

Q13のコース選択を見ていただくとわかるように、単願（専願）というのは、①③④のように「○○のみを希望する」と書かれているもので、それ以外の「○○が不採用の場合は△△を希望します」が併願です。

入学試験では併願よりも単願（専願）のほうが有利になるのが一般的です。しかし、**日本学生支援機構奨学金の審査では、単願（専願）と併願は同等に取り扱われ、有利不利が生じることはありません。**

ですから、どうしても奨学金が必要なら、必ず併願で申請してください。

Q 015

予約採用の結果、併用貸与ではなく、第一種奨学金の採用になりました。でも、それではお金が足りません。

保護者

第一種奨学金と第二種奨学金の両方を同時に借りる併用貸与が第一希望で、第二希望が利子のつかない第一種奨学金となると、Q13の⑤か⑥のコースを選択されたわけですが、併用貸与を希望する家庭は、より金額の大きい奨学金を希望しているはずですから、第一種奨学金の金額だけでは不足することになってあわてるケースがあります。

でも、焦らなくて大丈夫です。まずは、進学後に行う在学採用で2つの方法を検討してください。

1つめは、最大12万円まで借りることができる**第二種奨学金への変更申請**です。

2つめは、**併用貸与に再チャレンジする方法**もあります。在学採用では、収入の上限基準が予約採用よりもほとんどの場合、高く設定されているうえ、お子さんの年間授業料も収入から控除されるので、予約採用では併用貸与が不採用になっても、在学採用で採用される可能性があります。進学したら早々に、学校の奨学金担当部署に相談してください。

Q
016

入学前に納付するお金を用意するための奨学金があると聞きましたが、入学前に振り込まれるのですか?

高校生・男子

この奨学金は「入学時特別増額貸与奨学金」のことです。1年目は、とくにお金がかかるので、日本学生支援機構では入学初年度の費用に充てるための奨学金を設けています。

内容としては10万円から50万円のなかから10万円単位で希望額を選択できますが、注意が必要なのが、**〝入学時〟という名前がついていても、この奨学金の支給開始も入学後**であるという点です。第一種奨学金や第二種奨学金の初回支給時にあわせて振り込まれるので、実際にはこの奨学金で入学前の費用を支払うことができません。

そのため、全国の労働金庫では奨学金と連動した「入学時必要資金融資」という制度を設けています。入学時必要資金融資については、Q42で詳しく説明していますが、この制度を利用するには、入学時特別増額貸与奨学金の採用者となることが条件であるほか、奨学金の採用が決まる時期など、いくつか注意しなければならない点があるので、よく確認しましょう。

Q 017

1回目の予約採用では、入学時特別増額貸与奨学金を申請しませんでした。2回目の予約採用で追加できますか？

保護者

残念ながら、2回目の予約採用で日本学生支援機構の入学時特別増額貸与奨学金（Q16参照）の追加申し込みをすることはできません。

しかし、**大学や専門学校への入学後に追加で申し込むことができる**ので、進学先の担当部署に申し出るようにしてください。

日本学生支援機構の予約採用では、同じ年度内に追加の申し込みができない仕組みになっています。じつは、入学時特別増額貸与奨学金の必要性にあとから気づいた保護者から、同様の相談を受けることがあります。

奨学金の最終手続き時に、入学時特別増額貸与奨学金だけを辞退することができるので、奨学金を申請する際は、第一種奨学金や第二種奨学金だけでなく、この入学時特別増額貸与奨学金も選択しておくとよいでしょう。

Q
018

日本学生支援機構とほかの奨学金の両方を借りられますか?

高校生・男子

日本学生支援機構では、ほかの奨学金との併用に制限を設けていません。ですから、同時に両方を借りることは可能です。

日本学生支援機構以外の奨学金には、地方自治体や民間団体、大学独自のものなど、さまざまなものがあります。申請条件も制度ごとに異なっているので、まずは資料を読んだり、わからないところを各奨学金担当者に聞いたりして、よくチェックしましょう。

ポイントは、申請しようと思っている〝ほかの奨学金〟が併用を認めているかどうかです。ですから、その奨学金の併用条件を確認することを忘れないでください。

また、希望している奨学金が給付型（返済の必要がないタイプ）なら心配ありませんが、貸与型（返済の必要があるタイプ）であれば、卒業後の負担が大きくなる可能性があります。

目先の金額にとらわれずに、将来の返済額をイメージして検討してください。

Q 019

入学時特別増額貸与奨学金も有利子と聞きましたが、利息はどのくらいかかるのでしょうか？

保護者

入学時特別増額貸与奨学金も利息がつきます。ただし、利率の設定条件が第二種奨学金とは少し異なります。入学時特別増額貸与奨学金の**利子は、毎月支給される定額の奨学金の利率（基本月額分利率）に0・2％加算したもの**と定められています。たとえば、毎月支給される奨学金の利率が1％ならば、入学時特別増額貸与奨学金の利率は1・2％となります。

いつの時点で利率が決まるかというと、日本学生支援機構奨学金の利率の決定時期は、貸与終了時点（Q21参照）ですが、1回きりの**入学時特別増額貸与奨学金は振り込まれた月が貸与終了月となり、その時点の利率が適用されます。**返済利率は、日本学生支援機構のホームページに毎月公表されています。

入学時特別増額貸与奨学金は、毎月の奨学金と同様、卒業後からの返済になります。第一種、第二種奨学金と合わせた総額により返済月額と返済年数が決められるので、返済年数に応じて分割された月額と利子分が上乗せされると考えていいでしょう。

Q
020

日本学生支援機構の奨学金にある「利率固定方式」「利率見直し方式」って何のことですか？

高校生・男子

利息のつく奨学金である第二種奨学金と入学時特別増額貸与奨学金の、返済利息の算定方法のことです。**「利率固定方式」とは、返済開始から終了まで一定の利率で返済する方式**。たとえば、利率が1・0％であれば、最後までその利率が適用され続けます。

一方、**「利率見直し方式」では、おおよそ5年ごとに返済利率が見直される**仕組みとなっています。ですから、その時々の世のなかの金利の動向に合わせて、返済利率が上下する可能性があります。

利率の算定方式は、**奨学金申請時に選択しなければなりません。しかし、借り終わる年度内に変更することができる**ので、たとえば申請時は「固定方式」にしたものの、まだしばらく低金利が続きそうだと判断したならば「見直し方式」に変更することも、また、その逆も可能です。

見直し方式のほうが社会情勢に対応しやすいといえますが、**いずれの方式もその上限利率が3・0％を超えることはありません**。

Q
021

「利率固定方式」と「利率見直し方式」って、結局どっちがお得？

保護者

この質問は、日本学生支援機構の奨学金に関して、保護者からもっとも多く聞かれるものです。

しかし、じつは、どっちが得とは一概にいえません。なぜなら、**利率の決定時期が「貸与終了時」、つまり、大学卒業まで利用した場合は、卒業時点で利率が決まる**からです。

一般のローンでは、申請時点で返済利率が決まっていることが常識ですが、奨学金は4年間借りたとすれば、4年後に決まるのです。一体だれが、自信を持って4年後の返済利率を予測できるでしょうか？

しかし、Q20でも説明したように、奨学金申し込み時に選択した利率の算定方式は、貸与終了年度にもう一度だけ変更することができます。大学卒業まで借りるのであれば、4年生の時点で変更できるのです。

変更するためには、「貸与終了年度の一定時期までに申し込むこと」と期限が設けられているので、最終学年の夏休みまでには、日本学生支援機構のホームページで最新利率を見て、「利率固定方式」と「利率見直し方式」のどちらを選択したほうがいいのか判断してください。

Q
022

「人的保証」と「機関保証」って、何ですか？

保護者

奨学金の借主は学生自身ですが、その返済を保証する〝人〟や〝機関〟が必要になります。それが、「人的保証」と「機関保証」です。

人的保証は、原則として保護者が連帯保証人となり、おじやおばなど、お子さんから4親等以内の親族が保証人となる方式です。連帯保証人とは、お金の借主に連帯して債務を負担すると約束した人のことで、借主とまったく同じ責任を負います。お子さん、連帯保証人ともに返済できないときは、保証人に返済義務が及びます。一方、**機関保証は、連帯保証人と保証人の必要がない代わりに、日本学生支援機構が指定する保証機関にお金を支払って保証してもらう方式**です。

Q23で解説しますが、人的保証、機関保証それぞれに、メリットとデメリットが存在します。奨学金の申し込み時にいずれかを選択しなければなりませんが、最終手続きとなる進学届提出時に最終変更が可能なので、それぞれの内容を理解し、家庭事情に照らし合わせて、よく検討したほうがいいでしょう。

Q 023

人的保証と機関保証、それぞれのメリット、デメリットを教えてください。

保護者

人的保証のメリットはお金がかからないことです。その代わり、収入証明書や印鑑証明書が必要など、多少手間がかかるほか、保証人は65歳未満に限るなど、年齢制限が設けられています。**人的保証のリスクは、奨学生が返済を怠ると「連帯保証人」→「保証人」の順に返済責任を負うこと**です。

それに対して、**機関保証は連帯保証人や保証人の選定が必要ありません**し、たとえ奨学生が自己破産したとしても、**親や親戚が損害を被ることがありません**。このことが機関保証の最大のメリットです。最近では、「保証人を頼める兄弟や親戚がいない」という理由から機関保証を選ぶ家庭も多いようです。ただし、**機関保証では、毎月の保証料の支払いが必要**になります。

人的保証による親子の奨学金連鎖破産が問題となっています。そのこともあり、文部科学省では有識者会議を設置し、保証制度のあり方についての検討が始まっています。

日本学生支援機構奨学金の保証制度は、最重要の選択項目だと考えるので、慎重に検討してください。

Q
024

機関保証にしたら、いくらくらい保証料がかかるのですか?

保護者

第二種奨学金を4年間借りた場合の保証料の目安を見てみましょう。4年間で保証料の支払い総額が5~30万円以上になります。正直なところ結構な金額だと思います。

また、意外に誤解されているのが、保証料を支払うタイミングです。保証料は月々の奨学金から天引きされて支払います。たとえば10万円の奨学金を借りていると約5400円の保証料が差し引かれるので、9万4600円が振り込まれ、実際の奨学金の手取り額が少なくなります。

この保証料は決して安くありません。ただ、卒業後に繰り上げ返済できれば、すべての返済完了後に繰り上げ相当分の保証料が一部返金されます。

● 表㉕　機関保証の保証料の月額目安

＊平成31年度採用者の場合

・貸与月額3万円／月額保証料1117円
(4年間合計5万3616円)
・貸与月額5万円／月額保証料2108円
(4年間合計10万1184円)
・貸与月額8万円／月額保証料4295円
(4年間合計20万6160円)
・貸与月額10万円／月額保証料5369円
(4年間合計25万7712円)
・貸与月額12万円／月額保証料6442円
(4年間合計30万9216円)

Q 025

年金生活者である祖父を人的保証の保証人にすることはできるのでしょうか？

保護者

連帯保証人は年齢制限なしと考えてもいいですが、保証人を決めるときは注意が必要です。

日本学生支援機構では、保証人には「奨学生から4親等以内の成年親族のうち、奨学生本人および連帯保証人と別生計かつ採用時に65歳未満の人」という条件が設けられています。つまり、今回のご相談の場合、**年金生活であることが問題でなく、保証人の年齢が65歳未満であり、相談者と別生計になっているかどうかがポイント**となります。ちなみに、別生計とは別居という意味ではありません。**同居していてもそれぞれが独立して生計していることを、収入証明書などで証明できれば別生計**と判断されます。

ただし、65歳以上でも、資産などの証明書類を提出することで保証人として認められます。現実的な対策としては、ほかの親戚にも相談するか、機関保証を検討するなど、早めに手を打っておいたほうがいいでしょう。

Q 026

離婚した元夫に、保証人をお願いすることはできるのでしょうか？

保護者

母子家庭の保護者から、ときどき受ける相談です。日本学生支援機構では、連帯保証人の選定は原則として「父または母」となっていますが、保証人は父母を除いた親族となっています。

しかし、**別れたご主人が別生計、別住所であれば保証人になることができます**。その場合、元のご主人には預貯金などの資産を証明する書類や返還保証書の提出が求められることになります。

もし、元のご主人が保証人を引き受けてくれないときは、ほかの親族にお願いするか、機関保証を検討してください。

Column 5

奨学金問題
〜最大の問題点、保証制度を考える〜

「奨学金破産、5年間で1万5千人　親子連鎖広がる…」朝日新聞が2018年2月に報じた記事が注目され、その後、複数のメディアでも日本学生支援機構の奨学金破産問題に関する報道が広がりました。それらを受けてか、日本学生支援機構ではホームページで「奨学金返還者の自己破産に関する報道について」と題して破産者に関する情報を公開しています。

平成24年〜28年度の4年間での破産者数

返還者本人（8108件　※うち保証機関分が475件）　連帯保証人（5499件）　保証人（1731件）

これらの数字を挙げながら、約410万人いる総返還者に占める破産割合は0・05％であり、日本全体の破産状況0・06％と変わらないと日本学生支援機構は解説しています。

破産に至る経緯はさまざまでしょう。おそらく、そのほかの借金も重なった人が多いと思いますが、奨学金が一要因であったことは事実です。

日本学生支援機構の貸与型奨学金を利用するには「人的保証」か「機関保証」のいずれかの選択が必要です。人的保証では、連帯保証人（親）と保証人（4親等以内の親族）の選定が求められます。一方、機関保証では、保証料を支払うことで連帯保証人と保証人の選定が免除されます。2018年4月採用者の選択比率をみると人的保証（51％）、機関保証（49％）となっています。

日本学生支援機構のホームページでは、先の保証人の破産1731件のうち、返還者本人と連帯保証人も破産した件数は96件と記載されています。つまり、返還者本人の破産8108件のうちの96件、およそ100人に1人が、親や親族も巻き込んだ三者破産となっているのです。

個人的には次のほうが気になります。返還者本人の破産8108件のなかで、保証機関分が475件となっている点です。機関保証は決して安くはない保証料を支払うことで、万が一の際に親や親戚を巻き込まないというのがメリットですが、そのメリットを持つ人のほうが破産者に占める割合が圧倒的に少ないのです。なぜそうなのか、その理由が知りたいです。

現在、文部科学省では有識者会議を設置し、保証制度のあり方についての検討が始まっています。機関保証への単純な一本化ではなく、学生と同じく奨学金の受益者である大学や専門学校にも責任を求める議論が必要ではないかと考えます。

Q 027

現在、債務整理中です。子どもの奨学金利用にあたり、私が連帯保証人になることは可能ですか？

保護者

さまざまな理由で債務を抱えた結果、弁護士や司法書士などに委託し、債務整理をされている保護者からの相談は増えています。そして、そのほとんどの方が、同じ不安を口にされます。

結論から申し上げると、残念ながら相談された方は連帯保証人になることはできないでしょう。日本学生支援機構の案内書には、**「債務整理中（破産等）の人は、連帯保証人・保証人とも認められません」と記載**されています。

債務整理が完了していれば、連帯保証人への申し込みが可能になりますが、この方は〝債務整理中〟とのことですので、連帯保証人になることができないとお考えください。

ただし、「機関保証」を選択すれば奨学金を利用できます。保証料はかかりますが、機関保証を検討してみてください（Q22〜24参照）。

Q 028

昨年、自己破産しました。子どもは奨学金を利用できないのでしょうか？

保護者

たとえ保護者が自己破産していても、お子さんは奨学金を利用することができます。お子さんは日本学生支援機構には、家計急変時にいつでも申し込める「緊急採用・応急採用」奨学金が用意されています。しかし、親が自己破産しているといくつか制限が出てきます。Q27で解説しましたが、**債務整理中の人は連帯保証人、保証人にはなれません。**その場合には、**機関保証（Q22参照）を選択し申請**してください。

数年前から、自己破産した保護者からの相談が増えています。破産に至った事情はさまざまでしょうが、ほとんどの保護者が自分を責め、子どもに申し訳なく思っています。また、子ども自身も家庭の雰囲気を敏感に感じとって、進学をあきらめがちです。

そもそも奨学金とは、経済的に厳しい家庭の学生を支援することが目的です。経済的に恵まれた家庭に比べて困難は多いでしょうが、目標に向かってがんばってほしいと思います。そのためには、保護者の状況に影響されることのない奨学金制度にしていくことが必要だと考えます。

Q
029

貯金がゼロで、大学に通わせる資金がまったくありません。すべて奨学金でまかなうことはできますか？

保護者

現実的には、難しいと答えざるを得ません。というのも、奨学金の支給開始時期が大学入学後であることに加えて、入学までに結構なお金が必要となるからです。逆にいえば、**入学までの「受験費用」と「入学手続き費用」さえ用意できれば、その後の費用は奨学金でまかなうことは可能かもしれません。**

受験費用の主な内訳は「受験料＋交通費」ですが、大学受験は複数校受けることが多いので、その平均額は37万2000円となっています（日本政策金融公庫「2018年度　教育費負担の実態調査」）。

まずは、大学を絞り込み、受験費用をいかに抑えるかです。次に、合格発表後に納付する入学金と、入学までに必要な前期分授業料などを合わせると、60～80万円程度は必要で、この費用を入学までに準備できるかどうかです。

入学までに必要な学費対策として、労働金庫の「入学時必要資金融資」制度や「国の教育ローン」があります。それぞれQ42～47で詳しく解説しているので、参考にしてください。

Q 030

奨学金を借りるには、家庭の収入が問題になると聞きました。その額を教えてください。

保護者

　家庭の収入基準というものがあります。日本学生支援機構奨学金の収入基準は世帯人数により異なるほか、申し込み方法（予約採用か在学採用か）や進学する学校の種類（大学か専門学校かなど）、奨学金の種類（一種か二種か）などによっても変わります。

　表㉖は予約採用、表㉗は在学採用での4人世帯の収入基準の目安額です。表記されている金額以内なら対象になると考えてください。ちなみに、**家庭の収入とは、世帯の収入のこと**です。ですから、**共働き家庭は、夫婦の収入を合算した金額**になります。給与所得者とは、サラリーマンや公務員のように会社から源泉徴収票を受け取る人のこと、給与所得以外とは、自営業など確定申告を行う人だとお考えください。

　このほか、単身赴任や介護、病気療養中の家族がいると所得から控除されるなど少々複雑なので、一概に収入基準通りといえないこともあります。詳しくはお子さんが通われている学校の奨学金担当者にご確認ください。

表㉖　2020年度入学者 予約採用の収入基準（4人世帯）（在籍［卒業］高校を通じての申し込み）

区分		給与所得者の場合	給与所得以外の場合
大学・短大・専修学校（専門課程）	第一種奨学金（無利子）	747万円	349万円
	第二種奨学金（有利子）	1,100万円	692万円
	第一種と第二種併用	686万円	306万円

表㉗　2019年度入学者在学採用の収入基準（4人世帯の目安額）（進学した大学や専門学校を通じての申し込み）

種別		通学形態	給与所得世帯の場合				給与所得以外の世帯の場合			
			第一種	第一種最高月額	第二種	一種二種併用	第一種	第一種最高月額	第二種	一種二種併用
大学	国公立	自宅	742万円	680万円	1,096万円	680万円	345万円	302万円	688万円	302万円
		自宅外	800万円	747万円	1,143万円	747万円	392万円	349万円	735万円	349万円
	私立	自宅	801万円	749万円	1,144万円	749万円	393万円	350万円	736万円	350万円
		自宅外	848万円	805万円	1,191万円	805万円	440万円	397万円	783万円	397万円
短大	国公立	自宅	720万円	659万円	1,081万円	659万円	330万円	287万円	673万円	287万円
		自宅外	785万円	726万円	1,128万円	726万円	377万円	334万円	720万円	334万円
	私立	自宅	783万円	723万円	1,126万円	723万円	375万円	332万円	718万円	332万円
		自宅外	830万円	787万円	1,173万円	787万円	422万円	379万円	765万円	379万円
専門学校	国公立	自宅	686万円	625万円	1,057万円	625万円	306万円	263万円	649万円	263万円
		自宅外	750万円	689万円	1,102万円	689万円	351万円	308万円	684万円	308万円
	私立	自宅	780万円	719万円	1,123万円	719万円	372万円	329万円	715万円	329万円
		自宅外	825万円	782万円	1,168万円	782万円	417万円	374万円	760万円	374万円

Q 031

無利子の奨学金を希望していますが、案内書類にある収入基準を超えています。申請しても通らないでしょうか？

保護者

奨学金を申し込む際に世帯の収入の上限基準が設けられています（Q30参照）。つまり、基準以上に収入があれば、奨学金を利用できないことになります。

じつは、予約採用と在学採用では世帯の収入基準が異なり、予約採用に比べて在学採用のほとんどの基準額が高く設定されています。予約採用・在学採用の案内書は日本学生支援機構のホームページからダウンロードできます。ただし、ホームページに掲載されている案内書は、予約採用は翌年度の入学者用、在学採用は当該年度の入学者用で厳密には入学年度に1年のずれがあるので、あくまでも参考とお考えください。

上限金額の設定に加えてポイントは「特別控除」の項目です。単身赴任や病気療養中の家族がいると、それらの費用が収入から控除されますが、**在学採用では子どもの授業料そのものも控除対象となります。**したがって、予約採用で不安であれば在学採用にチャレンジしてください。

Q
032

奨学金の案内書にある、「定額返還」「所得連動返還」の違いがよくわかりません。

高校生・男子

より柔軟な返済方法として2017年4月から導入されたのが「所得連動返還」です。

奨学金の案内書には、**「定額返還方式」「所得連動返還方式」と記載されており、無利子の第一種奨学金を希望する場合は、いずれかの方式を選択**しなくてはなりません（100ページ表㉘）。

■定額返還方式

従来の返済方式。奨学金の返済月額と返済年数は借りた総額により決められます。すべての返済を終えるまで毎月一定額を返済し続ける方式。

■所得連動返還方式

前年の収入に応じてその年の返済月額が調整される返済方式。低収入の方の負担を軽減する目的で新たに設けられました。収入に応じて返済額が変動するので、収入が多ければ、定額方式より返済月額が高くなり、その結果返済期間が短縮されることになります。

Q 033

「定額返還」「所得連動返還」どちらを選んだほうがいいでしょうか？

保護者

所得連動返還方式は、低収入の方の返済負担を軽減するために**無利子の第一種奨学金のみに導入された新制度**であることを98ページのQ32で説明しました。

ここで、定額返還と所得連動返還の違いを整理してみましょう。

留意すべきは**所得連動返還方式を選択したときの保証方式が「機関保証」のみ**となっている点です。では、その保証料の目安はどのくらいでしょうか。

私立大学・自宅外生のケースでは、4年間の保証料の合計額が12万7968円です（100ページ表㉙）。保証料は毎月振り込まれる奨学金から天引きされるので、保証料の分だけ奨学金の手取り額が少なくなると考えてください。この金額を高いと感じるか安いと感じるかは、人それぞれだと思います。

表㉘　定額返還と所得連動返還の違い

	定額返還	所得連動返還
対象となる奨学金の種類	第一種奨学金 第二種奨学金 入学時特別増額貸与奨学金	第一種奨学金のみ
保証制度	人的保証、機関保証のいずれかを選択	機関保証のみ

表㉙　第一種奨学金を4年間借りた場合の保証料の目安 ※平成31年度採用者

■奨学金　月額6万4000円（私立大学・自宅外生　最高月額）

■保証料　月額2666円×12カ月×4年間＝12万7968円

一番注意してほしいのが、人的保証を選択した第一種奨学金の採用者が途中で「所得連動返還」への変更を希望したときです。定額返還から所得連動返還への変更は可能ですが、その際は保証料の一括支払いが求められます。

たとえば、大学卒業間際に定額返還から所得連動返還への変更手続きを行うと、先の12万7968円を一括で納めなくてはならないのです。所得連動返還を導入した第一の理由が低収入の方の負担軽減であるだけに、個人的にはどうしても引っかかってしまう制度設計です。

忘れてほしくないのが、定額返還であっても、返済が苦しくなったときには返済猶予などの救済制度（Q62）を申請することができるということです。

年々複雑になる奨学金制度であるからこそ、親子できちんと内容を理解して利用してください。

Column 6

奨学金問題　～留学生で延命を図る学校は退場してもらうべきでは?～

２０１９年６月、東京福祉大学が研究生として受け入れた留学生１６００人が所在不明となっていることが各種メディアで報じられました。報道を見るかぎりでは教育環境もひどく、留学生相手にとにかく営利主義に走る大学の姿が浮かび上がりました。これはさすがに悪質過ぎるとしても、２０１０年にも、青森大学の中国人留学生１４０人が偽装留学生として除籍処分となる不祥事がありました。青森大学の件は奨学金の不正受給も絡んでいたので、強く記憶に残っています。

少子化が進むなか、留学生確保に力を入れる大学や専門学校はみなさんが思っている以上に多いと考えてもらっていいでしょう。２００８年に政府が掲げた「留学生受け入れ30万人計画」により、全国各地に日本語教育機関いわゆる日本語学校がどんどん開設されました。その結果、留学生数は、２００８年当時の12万４０００人から10年後の２０１８年には29万９０００人まで急増しています。

とくに人数の多い学校種別をピックアップすると、大学院５万１８４人、大学８万４８５７人、専門学校６万７４７５人、日本語教育機関９万79人で、アジアからの留学生が93・4％を占めています（日本学生支援機構：平成30年度外国人留学生在籍状況調査結果）。国別にみると中国がもっとも多く38・4％を占めていますが、最近ではベトナム、ネパールからの留学生が増えているという話を聞きます。

アメリカに次ぐ経済大国となった中国は別としても、ベトナムやネパールなど途上国の若者が日本を選ぶ大きな理由は経済格差です。欧米の大学に比べて学費も難易度も低く、一定時間のアルバイトが認められている日本は、留学生に優しい国といえます。しかも、卒業後に日本企業で就職できる可能性があるなら、日本をめざす若者が出てくるのは当然の流れです。

また、留学生には税金から奨学金がバラまかれているといった中傷をネット上で散見しますが、日本に来る留学生の96％は私費留学生です。なかには裕福な家庭の学生もいるでしょうが、途上国の留学生には、一族の将来を背負い、親や親戚までも巻き込んで多額の借金を抱えて日本をめざす学生が数多くいることを我々日本人は忘れてはなりません。悲しい話ですが、そんな彼らの立場につけこみ、人権無視の劣悪な環境を強いて搾取する日本語学校があるのも事実です。

容認するわけではありませんが偽装留学は、日本留学をビジネスチャンスと捉えるブローカーと日本語学校、留学生で延命を図る大学と専門学校が生み出した社会問題と捉えています。問題のある学校には退場してもらうなどの思い切ったルール作りが必要な時期にきていると考えます。

Q 034

奨学金を借りると、だいたい毎月いくらぐらい返済しなければならないですか？

高校生・女子

奨学金を借りても、ちゃんと返済できるのか、だれもが心配になると思います。相談者のように、申請前に返済額をイメージしておくことはとても重要です。貸与型の奨学金は卒業後から返済が始まりますが、月々の返済額や返済年数は、奨学団体それぞれが規定を設けています。日本学生支援機構奨学金の返済例を、表㉚、表㉛に整理してみました。

短大や専門学校で2年間借りた場合は、最大で月1万6000円ほどの返済となります。実際、この程度の金額であれば負担感はそれほどでもないでしょうが、4年間借りると月々の返済額は一気に大きくなります。たとえば、**第二種奨学金の月額10万円を4年間借りると、月々の返済額が2万円を超えてきます**。これが第一種と第二種の併用貸与や、医学部や薬学部などで増額した場合は、4万円台にもなる可能性があります。しかも、**返済期間も20年と長期にわたります**。安易に借りていい加減な気持ちで進学すると、将来後悔する可能性があります。進学する目的をしっかり考えて、奨学金に臨んでほしいと思います。

●表㉚　奨学金を２年間借りた場合の返済月額と返済年数

区分	貸与額	返済月額	返済年数	
第一種奨学金（無利子）	30,000円	6,666円	9年	
	53,000円	8,833円	12年	私立短大・専門学校［自宅生］最高月額
	60,000円	9,230円	13年	私立短大・専門学校［自宅外生］最高月額
第二種奨学金（有利子）※1.0%で計算	30,000円	7,005円	9年	
	50,000円	8,866円	12年	
	80,000円	13,190円	13年	
	100,000円	14,428円	15年	
	120,000円	16,311円	16年	

●表㉛　奨学金を４年間借りた場合の返済月額と返済年数

区分	貸与額	返済月額	返済年数	
第一種奨学金（無利子）	30,000円	9,230円	13年	
	45,000円	12,857円	14年	国公立大［自宅生］最高月額
	51,000円	13,600円	15年	国公立大［自宅外生］最高月額
	54,000円	14,400円	15年	私立大［自宅生］最高月額
	64,000円	14,222円	18年	私立大［自宅外生］最高月額
第二種奨学金（有利子）※1.0%で計算	30,000円	9,892円	13年	
	50,000円	14,428円	15年	
	80,000円	17,737円	20年	
	100,000円	22,172円	20年	
	120,000円	26,606円	20年	

Q
035

兄が奨学金の返済を滞納しています。私は奨学金を利用することができないのでしょうか？

高校生・女子

奨学金の利用者が増えると同時に、滞納者も増加しています。借りたお金は返さなくてはならないことは、だれでも重々承知のうえなのですが、不安定な雇用環境で返したくても返せない若者が急増しているのも事実です。大学は卒業したものの、就職先がない、借りた奨学金を返す術がない、という若者は多く、奨学金の返済問題は社会問題になっています。

ご質問のお兄さんの滞納問題ですが、**日本学生支援機構奨学金の審査においては、きょうだいの滞納履歴が影響することはありません**。

心配なのは、お兄さんの状況です。日本学生支援機構では、返済が苦しい人のために、一定期間、返済を延期してもらえる「返済猶予制度」（Q62参照）を設けています。

滞納が続くと延滞金が課されて金額が膨らみ、余計に返済が困難になります。手遅れにならないように、お兄さんには、すぐに機構に相談することをお勧めします。

Q 036

大学生の長男が、日本学生支援機構の奨学金をお借りしていますが、長女（高3）の奨学金審査に不利になりますか？

保護者

きょうだいが奨学金を借りているからといって、審査が不利になることはありません。むしろ、**学費負担が大きい家庭とみなされ、奨学金の審査では有利に働く可能性があります。**

教育ローンなどの一般のローンでは返済能力が重視されるので、借りる金額が大きくなるほど審査がきびしくなりますが、奨学金は銀行の教育ローンとは借主と目的が異なり、違った視点から審査されます。

第一は、奨学金の借主は保護者ではなく子どもであること。

第二は、奨学金の目的は経済的にきびしい家庭の学生を支援すること。

ただし、きょうだいともに奨学金を借りるということは、学校を卒業したときに、二人の子が借金を抱えるということになります。もし、「人的保証」（Q22参照）を選んだ場合、親が連帯保証人となるので、子どもの一人、あるいは両方が返済できない場合、返済義務を負うことになります。奨学金を借りて勉学する意味をしっかり自覚させてください。

Q 037

教員になると奨学金の返済が免除されるって、本当ですか？

保護者

高校生のお子さんをお持ちの保護者は40～50歳代の方が多いので、同じ質問を受けることが時々あります。

といいますのも、ご質問の通り、日本育英会時代には、教員や研究職に就いた場合は奨学金の返済が免除される特典があったからです。現在、校長や教頭を務める世代には、この恩恵を受けた先生方は数多くいるでしょう。

現在では、返済免除特典は廃止されています。まず、１９９８年に小・中・高の教員への免除特典が廃止され、日本学生支援機構が設立された２００４年には大学の研究職への免除特典も廃止されました。

昔とは違い、**特定の職業による返済免除特典は、すべて廃止された**とお考えください。

Q 038

看護師の専門学校に進学するので、返済免除条件のある奨学金を利用しますが、注意点はありますか？

高校生・女子

これらの奨学金では **〝学校卒業後1年以内に国家資格を取得できなかったときは一括返済しなければならない〟** という条件が設けられていることがあります。したがって、これらの奨学金を利用する人は、ほかの学生以上に真剣に学ぶ姿勢が必要となるでしょう。

もうひとつ注意すべき点は、**勤務地が限定される**ことです。新社会人となって働き始めても、職場環境に慣れるまでには最低でも半年は必要でしょう。学生時代の人間関係とは違い緊張感も強いでしょうし、性格の合わない上司や先輩のもとで働くことになるかもしれません。そのような状況に我慢できずに退職してしまうと、奨学金の一括返済を求められることがあるので、この種の奨学金を希望する場合は、将来働くことになる職場について、先輩や先生方からのアドバイスに耳を傾けることが大切です。

返済免除の奨学金は、メリットと同等、あるいはそれ以上のリスクがあることを認識したうえで臨んでください。

Q 039 奨学金の案内書類にある「個人信用情報の取扱いに関する同意書」に同意しないと、奨学金を借りられないですか？

保護者

その通りです。日本学生支援機構奨学金の案内書類のなかに**「確認書兼個人信用情報の取扱いに関する同意書」**があり、これを提出しなければ奨学金を借りることができません。

個人信用情報の取扱いは、奨学生と保護者の双方にとって大きな意味を持つのですが、保護者のなかにはいわゆる「個人情報」と「個人信用情報」を混同している方が見受けられます。

このところ企業による顧客情報漏えい事件が増え問題となっていますが、それらの多くは「個人情報」です。**「個人情報」とは、氏名や生年月日、住所など個人を特定する情報**だとお考えください。

一方、**「個人信用情報」とは、個人情報に加えて、金融機関などからの借入れ情報や滞納歴など金融面の記録が記載されたもの**です。

個人信用情報は、奨学金の返済が滞ったときに初めて意味を持ち、各金融機関が加盟する個人信用情報機関に、奨学生の滞納履歴などが提供されることになっています。

●図⑥　個人情報と個人信用情報の違い

学校・企業・役所など	個人信用情報機関（金融機関が加盟）
◎ 個人情報 氏名、生年月日、住所など個人を特定する情報	◎ 個人信用情報 氏名、生年月日、住所など個人を特定する情報 ＋ 借入れ情報や滞納歴など金融面の記録

一般的には**個人信用情報機関への登録を「ブラックリスト」と呼んでおり、これに登録されてしまうと、マイホームのローンを組めない、カードを作れない**など、その後の社会生活に影響を与える可能性があります。

日本学生支援機構の現行制度では、奨学金の返済を3カ月滞納すると、4カ月目から個人信用情報機関に登録されてしまいます。また、**いったん登録されると、すべての奨学金の返済を終えても、さらに5年間登録され続ける**仕組みとなっているのです。

奨学金の返済は長い人では20年間と長期にわたります。22歳で大学を卒業した人が途中で個人信用情報機関に登録され、その後滞納分を弁済し42歳で無事返済が完了したとしても、47歳まで登録され続けることになるのです。

個人的には、個人信用情報登録制度は直ちに廃止するべきだと考えていますが、現行制度である限りは、返済が苦しくなったらすぐに返済猶予制度（Q62参照）を申請するなどして、自らを守ることが重要な対策だと思います。

Q 040

母子家庭です。新聞奨学金で大学に進学しようと思っていますが、母に反対されています。

高校生・男子

お母さんが反対する理由が書かれていないので、うまく答えることができないかもしれませんが……。

ひとつハッキリしていることは、家計に余裕がないので自力で進学しようと考えているのですね。

新聞奨学金は、昔からある働きながら学ぶ代表的な制度です。**新聞販売センターと雇用契約を結び、住居を提供してもらいながら給与を受け取り、各新聞奨学会から奨学金が支給される仕組み**です。希望すると100万円単位の学費相当分のお金を前借りすることができます。つまり、親に頼らずに自力で進学するという制度です。

ただ、当たり前ですが、働きながら学ぶということは相当な覚悟が必要です。とくに新聞配達は深夜3時頃から仕事が始まるようです。朝刊の配達はすべての新聞奨学会でも必須業務となっていますが、なかには夕刊の配達や営業、集金業務を課されるコースもあります。

これまで何人もの新聞奨学生に取材を行ってきましたが、そのハードな日々を聞き、自分にはとてもやり通すことができないと思いました。

新聞奨学金をやり通すことができれば大きな自信になるでしょうし、就職活動に有利に働く可能性がある一方で、途中で辞めてしまったときのリスクが大き過ぎると考えています。

一般的に、**新聞奨学金は現金が支給されるのではなく、前借り金から月々の奨学金が相殺される仕組み**になっています。無事契約期間を満了すれば、前借り金がゼロになるうえに報奨金などももらえますが、もし前借り金が残っている段階で途中退会すると、残金の一括返済が求められる契約内容となっています。途中退会は、その時点で住まいも失うことを意味します。仮に前借り金がなくても新生活を立て直すための金銭的負担が大きく、学業の継続に影響しかねません。

したがって、新聞奨学金を検討する高校生や保護者には、**万が一のために日本学生支援機構の奨学金を初年度だけでも借りておく**ことをお勧めします。

もし途中退会することになれば、日本学生支援機構で借りた奨学金を前借り金の残金返済に充てることができますし、新聞奨学生を続ける自信がつけば、2年目に日本学生支援機構の奨学金をやめて、借りていたお金をそのままそっくり一括返済すればいいのです。奨学金は、在学中は利息が発生しないので、損もでません。

相談者は理想を見て、お母さんは現実を見ているから意見が合わないのでしょう。しかし、若者にとっては理想が重要で、それが努力する原動力になるはずです。新聞奨学金のメリットとリスクについて、何度も何度もお母さんと話し合ってほしいと思います。

Q 041

予約採用を申し込みました。このあとは、どうなるのですか？

高校生・男子

春の予約採用に申請すると、10月下旬頃に高校から審査結果の書類を受け取ります。この書類を「奨学生採用候補者決定通知」と呼び、採用された奨学金の種類のほか、各種選択内容が記載されています。

勘違いしてはいけないのが、この採用候補者決定通知を受け取ったからといって奨学金の採用が決定したわけではないということです。これはあくまでも奨学金の権利を得ただけで、**大学や専門学校に入学した直後に行う「進学届」の手続きを終えて、正式に奨学生としての採用が決定**します。

進学届の手続きを怠ると、奨学金の権利自体を失うので、奨学生採用候補者決定通知は大切に保管しておき、進学した直後に大学や専門学校から出される進学届の案内を見逃すことのないようにしてください。

■予約採用後の流れ　①採用候補者決定通知受け取り（第一回目申込者／10月下旬頃、第二回目申込者／2月頃）　②進学届提出（進学後の4月頃）

Q 042

奨学金を担保にした前借り制度があると聞きました。どのような内容ですか？

保護者

全国にある労働金庫（ろうきん）の「入学時必要資金融資」、別名「ろうきんつなぎ融資」という、日本学生支援機構の奨学金と連動した制度があります。

入学時特別増額貸与奨学金の支給は、入学時に必要なまとまったお金を用意するためのものですが、支給は入学後なので、入学前に必要な費用に充てることができません。

そこで「ろうきん」では、入学時特別増額貸与奨学金の採用が決まった学生に対して、入学時特別増額貸与奨学金で選択した金額を上限に、前もってお金を貸し付ける制度を設けています。これは短期の融資制度で、進学後に奨学金が振り込まれた時点で労働金庫に一括返済となります。

この制度を利用するには、**入学時特別増額貸与奨学金の採用者となることが前提**ですが、奨学金の振り込み口座を労働金庫に指定するなどのいくつか条件があります。この案内書類は、採用候補者決定通知とあわせて手渡されるので、じっくりと読み込んでください。

Q 043

AO入試（総合型選抜）では、ろうきんの前借り制度が利用できないと聞きました。なぜ、差別するのですか？

高校生・男子

決して受験する入試の種類で差別しているわけでなく、入試が行われる時期と奨学金の採用決定時期が関係しています。まずは、奨学金申請から採用されるまでの流れを整理しましょう。

①1回目の予約採用に申し込んだ人の採用結果が出るのは10月下旬頃ですから、入学時特別増額貸与奨学金の採用が決まるのも、10月下旬以降になります。

②一般入試（一般選抜）は、おおむね2月以降に実施されます。

③これに対して、AO入試（総合型選抜）は早い学校であれば8月頃、遅くとも10月頃には合格が発表され、その直後に入学金などの入学手続き費用を納めなくてはなりません。

ろうきんの入学時必要資金融資は、日本学生支援機構の入学時特別増額貸与奨学金の採用者となることが前提です。つまり、**予約採用の決定通知が10月下旬頃となるので、それ以前に学費納付が必要なAO入試（総合型選抜）や推薦入試（学校推薦型選抜）ではスケジュール的に間に合わない**のです。

Q 044

ろうきんの「入学時必要資金融資」は学費以外に使えないと言われましたが、その仕組みがよくわかりません。

保護者

まさにご質問の点が、ろうきんの「入学時必要資金融資」の最大の落とし穴と考えていいでしょう。

入学時必要資金融資の契約そのものは、学生本人とろうきんの間で結ばれますが、**貸付金は学生に手渡されるのではなく、ろうきんが学生に代わって、お金を進学先の学校に振り込む**という仕組みになっています。つまり、借りたお金を自由に使うことができないのです。

また、貸付金の使途は、入学金や授業料など〝進学先への納付金のみ〟と限定されているので、ひとり暮らしの準備費用などに充てることができません。

ひとり暮らしの部屋を借りるときにかかる敷金・礼金や、身の回りのものをそろえるお金は、別の方法で調達する必要があります。

この入学時必要資金融資は、教育ローンに分類されるのでしょうが、利用方法がかなり限定された特殊な教育ローンであるとお考えください。

Q 045

奨学金の採用通知書に「国の教育ローンの申込が必要」との記載がありました。どういう意味ですか？

保護者

採用候補者決定通知書の入学時特別増額貸与奨学金の欄には、「国の教育ローンの申込が不要」か「国の教育ローンの申込が必要」のいずれか一方が記載されます。

①**「国の教育ローンの申込が不要」と記載されている人**――家庭の収入が基準以下なので、入学時特別増額貸与奨学金の採用が決定したという意味です。

②**「国の教育ローンの申込が必要」と記載のある人**――家庭の収入が基準以上だったので、日本政策金融公庫が扱う国の教育ローンを申し込む必要があるという意味です。

日本政策金融公庫は政府系金融機関で、まずはここが扱う公的な教育ローンを申し込んで、不採用となった場合に、入学時特別増額貸与奨学金の採用が決定するという、少々ややこしい流れになっています（図⑦）。このような面倒な仕組みになっている理由は、入学時特別増額貸与奨学金が設けられた目的にあります。この奨学金は国の教育ローンを借りることができなかった家庭を救済するために、２００３年度に導入されました。

そもそも国の教育ローンでは、民間の教育ローンよりも利息を低く設定しているほか、収入基準も〝年収〇〇万円以下〟を対象とするなど、余裕のない家庭をサポートする内容となっています。

しかしながら、国の教育ローンにも当然審査があり、申請基準を満たしていても不採用となることがあります。

そのような家庭の入学時の支援策として、入学時特別増額貸与奨学金が設けられた制度です。ですから、まず**国の教育ローンを借りる手続きが必要とされ、そこで審査が通れば、初年度にかかる入学金や材料費などの学費は国の教育ローンから借りる、不採用になれば日本学生支援機構の入学時特別増額貸与奨学金を借りる**、という仕組みになっているのです。

図⑦　入学時特別増額貸与奨学金採用までの流れ

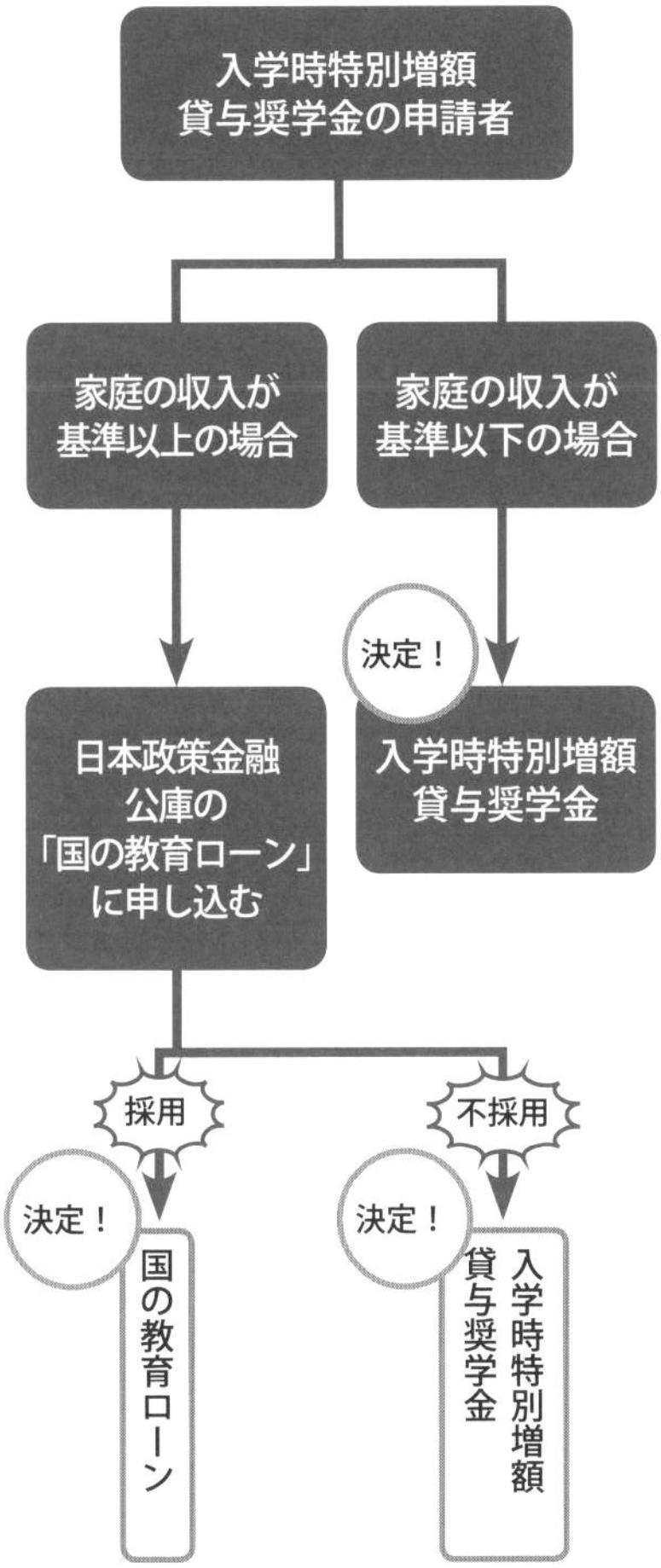

Q 046

入学時特別増額貸与奨学金の申し込みを忘れました。入学するまでに、必要なお金を準備するほかの方法はありますか？

保護者

奨学金の最大の落とし穴が支給開始時期です。予約採用で採用されても、奨学金の支給が始まるのは大学や専門学校に進学したあとになるので、入学金など入学までに必要な費用を奨学金でまかなうことができません。そこで、入学前の納付金対策として代表的なものが教育ローンです。**教育ローンは奨学金と異なり、原則保護者が借主となりますが、奨学金と同じように、公的なものと民間のものがあります。**

①利息面などを考えると、まずは国の教育ローンを検討することをお勧めします（Q47参照）。

②銀行をはじめ多くの民間金融機関が教育ローンの商品をそろえています。信販系金融機関が大学や専門学校と提携した、学校提携ローンなどもあります。

③最近では学費の延納や分納制度を設ける大学や専門学校が増えており、パンフレットなどに延納制度をうたっていなくても、個別に対応してくれるケースがあります。延納や分納は学校によって対応が異なるので万全の解決策とはいえませんが、進学先に相談することも考えてください。

Q
047

入学までに、必要な費用を教育ローンで考えています。日本政策金融公庫の教育ローンを教えてください。

保護者

教育ローンを考えるのであれば、公的な日本政策金融公庫の「国の教育ローン」の検討をお勧めします。国の教育ローンは、民間の教育ローンと比べて返済利息が低いうえ、母子家庭や経済的にきびしい家庭にはさらに利息を下げ、返済期間を延長するなど利用者にとって優しい内容となっています。

民間金融機関の教育ローンは当然ビジネスが目的なので、申し込み条件が〝年収○○万円以上〟というように返済不安の少ない方を優先します。

一方、**国の教育ローンでは、〝年収○○万円以下〟というように民間の教育ローンではきびしい評価となる家庭もサポートする内容**となっています。

国の教育ローンは、ほとんどの金融機関から申し込むことができるほか、ホームページから申請することもできます。

＊日本政策金融公庫【http://www.jfc.go.jp/】沖縄県では、沖縄振興開発金融公庫が日本政策金融公庫の業務を行っています。

Q 048

国の教育ローンより条件のいい教育ローンがあると聞きました。本当ですか？

保護者

民間金融機関では、それぞれ独自の工夫で各種ローンを用意しています。その際、まず考えるのが返済利率といっていいでしょう。利用者にとってもっとも気になる点は、何といっても利息です。

教育ローンに関しては、民間金融機関ではつねに国の教育ローンを意識しているという話を関係者の方からうかがったことがあります。**民間の教育ローンの返済利率は、国の教育ローンに比べて高いことが一般的ですが、キャンペーン期間などを設けて、国の教育ローンよりも条件を良くすることがある**ようです。

教育ローンも百万円単位で借りることが多いものです。そこでの数パーセントの利率の違いは、結構な金額差となってきます。

自分の家庭にとってベストな教育ローンを探し出すことは、進学費用を節約する隠れたポイントだといえますので、ぜひいろいろな情報を集めてみてください。

Q 049

専門学校の見学会で学校提携ローンの説明を受けましたが、何かメリットはあるのでしょうか？

保護者

学校案内パンフレットに「○○大学提携ローン」や「○○専門学校提携ローン」と記載されていることがあります。これは、**民間金融機関と学校が提携した教育ローン**です。そのなかでも、クレジットカードなどが本業の、いわゆる信販系の教育ローンがシェアを伸ばしているようです。信販系企業が、全国の大学や専門学校に営業をかけて、教育ローンの提携を持ちかけている結果だと思います。

学校提携ローンを借りたからといって、特別な恩恵を受けることはないでしょう。一般的に信販系は審査がゆるい代わりに、利息が高いといわれています。また同じローン会社なのに、進学した学校によって利率が異なることもあり、結果的に、ほかの教育ローンよりも支払い利息が高くなる可能性があります。

学校と提携したローンだからといって、保護者にとってベストな教育ローンとは限りません。自分に合った教育ローンを冷静に見極めていただきたいと思います。

Q
050

奨学金と教育ローンを借りる予定です。子どもの負担を考えると、教育ローンを多くしたほうがいいですか？

保護者

「我が子にはなるべく負担をかけさせたくない」という気持ちはよくわかります。日本学生支援機構の奨学金は返済が必要なので、実質は子どもが背負う学生ローンです。

本当は、だれもがお金の心配をせずに大学に進学できる制度ができるのが一番ですが、そうなるには、まだまだ解決しなければならない課題が多く残されています。現実はお子さんのローンとなりますから、今ある制度のなかで賢く対応していく道を考えてみましょう。

進学費用対策の柱として多くの家庭では、これまで述べてきた奨学金と教育ローンを利用していますが、意外に見逃しているのが、**奨学金と教育ローンの〝利息の仕組みの違い〟**です。この利息の仕組みの違いを理解することで、進学費用負担を大幅に軽減できる可能性があります。代表的な日本政策金融公庫の「国の教育ローン」と日本学生支援機構奨学金との違いを見ていきましょう。

124ページの表㉜を見るとわかるように、教育ローンは借りた翌日から利息が発生します。

一方、奨学金は毎月お金を借りていながらも、在学期間中は利息が発生しません。また、教育ローンのなかでもっとも利息が低いといわれる国の教育ローンと比べても、奨学金の利息は、その10分の1、500分の1以下の低さとなっています（表㉝参照）。

では具体的に、奨学金と国の教育ローンの支払い利息総額を比べてみましょう。日本学生支援機構と日本政策金融公庫のホームページには、返済額を自動試算できる返済シミュレーションのページがあります。

■第二種奨学金の月額5万円を4年間借りた場合―総額240万円を15年間で返済する場合の支払い利息総額（2019年11月現在）

①国の教育ローン―31万1000円

②日本学生支援機構奨学金―約2万7000円（2019年11月貸与終了者・利率固定方式）

この①と②を比べると30万円近くの金額差があります。入学金に相当する金額です。

教育ローンのなかでもっとも利息が低いといわれる国の教育ローンとの比較でこの金額差があるので、ほかの利息の高い教育ローンと比べると、その差がさらに大きくなることは明らかです。

奨学金は子どもの借金、教育ローンは保護者の借金ですが、この利息の仕組みの違いを利用して**「奨学金を大きく借りて、教育ローンを小さく借りる」**ことが、最終的には進学費用負担の軽減につながることをご理解いただけたでしょうか。

●表㉜　奨学金と教育ローンの仕組みの違い

	日本学生支援機構奨学金	国の教育ローン
借主	学生	保護者
利息	在学中は発生しない	借りた翌日から発生
利率	固定方式(0.143%) 見直し方式(0.003%) ※2019年11月貸与終了者の適用利率	固定方式のみ(1.66%) (母子父子家庭等1.26%) ※2019年11月現在
返済開始時期	卒業後から	借りた翌月から

●表㉝　240万円借りて15年間で返済する場合の支払い利息総額の比較

	返済利率	支払い利息総額
日本学生支援機構 第二種奨学金	0.143%(固定)	約27,000円
日本政策金融公庫 国の教育ローン	1.66%(固定)	311,000円

*試算条件　2019年11月現在
教育ローン／ボーナス返済なし、元金据置なし、保証機関の利用なし
奨学金／月賦返還、機関保証の利用なし

Q 051

予約採用で申し込みましたが、受験に失敗して浪人が決まりました。この場合、どのような手続きが必要ですか？

高校生・男子

いま悔しい思いをしているでしょうね。浪人させてくれる親に感謝しつつ、その思いをバネに来年がんばってください。

予約採用で奨学金の採用候補者となったけれど、浪人するなど進学しなかった場合は、とくに必要な手続きはありません。**そのまま放っておけば、自動的に今年度の奨学金の権利が取り消されます。**

そして、再度、次の受験に向けて、予約採用で申請してください。

予約採用は、卒業後2年目（2浪）までは、卒業した高校を通して申し込むことができるので、まずは母校に連絡して、次年度の予約採用の募集日程を確認してください。

Q
052

主人の弟に保証人をお願いしていましたが、印鑑証明書が必要と知ったとたんに拒否されてしまいました……。

保護者

最近ではこの種のトラブルを時々聞きます。人的保証を選択した場合は、連帯保証人は印鑑登録証明書と収入の証明書、保証人は印鑑登録証明書の提出が必要となります。

気をつけなければいけないのが、これらの書類の提出時期です。予約採用で申し込む際に人的保証か機関保証のいずれかを選択しますが、**保証制度に関する書類は、4月に進学先で進学届の手続きを行った後、「必ず返します」という約束の証明書でもある「返還誓約書」を学校に提出する段階で必要**となります。

つまり、予約採用で申し込んだおよそ1年後に、証明書の提出が求められることになります。たった1年といえども、その間に保証人の家庭環境が変わる可能性もあるでしょうし、そもそも口約束自体を忘れてしまうことも考えられます。人的保証を選択する場合は、予約採用を申し込む時点で必要書類とその提出時期、返済の責任までを説明し、納得して引き受けてもらうことが重要です。今から保証人を引き受けてくれる親戚を探すことができないのであれば、機関保証に切り替えて手続きしてください。

Q 053

無事、入学式を終えました。このあと、進学先で行う奨学金の手続きは何ですか？

大学生・男子

奨学金を予約採用で申し込んだ人は、**進学後の4月に、進学先の奨学金担当部署を通して「進学届」の手続きを行ったうえで「必ず奨学金を返済します」といった約束事が書かれた「返還誓約書」を提出**します。これで、ようやく手続き完了となります。

その後は**毎年、進級前のタイミングに「継続願」の提出**が必要となります。継続願の手続きを怠ると、奨学生としての資格を喪失してしまいます。また、継続願提出時には学業成績などをもとに、奨学金の支給を継続させるかどうかの審査も行われ、不適格と判断されると奨学金が打ち切られることもあります。

進学後、気がゆるんで遊んでしまい奨学生として不適格と判断されれば、翌年からは奨学金が支給されないという事態に陥ってしまいます。その結果、学費未納で退学となれば、奨学金の返済を抱えたフリーターになりかねません。

日本学生支援機構の奨学金は1年更新の契約であることを肝に銘じ、しっかりと学業に励んでください。

Q
054

大学を卒業したら、奨学金の返済を早く終わらせる方法はありますか？

大学生・女子

Q53でも解説した通り、進学届の手続きを行った後、返還誓約書を提出して正式に奨学生としての採用が決定しますが、返還誓約書の提出時には、卒業後の返済方法を選択しなければいけません。

日本学生支援機構では「月賦返還」と「月賦・半年賦併用返還」の2種類の返済方法があります。**月賦返還とは、毎月同じ金額を返済する方式**です。それに対して、**月賦・半年賦併用返還は月々の返済に加えて年に2回まとまった金額をプラスして返済する方式**です。

この返済方式について、月賦・半年賦併用返還のほうが早く返済が終わると勘違いしている保護者や高校生がいます。結論をいえば、返済年数も返済総額も同じです。月賦・半年賦併用返還は、月々の返済額は少なくなるけれども、残りの金額を半年ごとにまとめて返済する仕組みだと理解してください。

今はボーナスが支給されないことも珍しくない時代です。とりあえず月賦返還を選択しておき、余裕が出たら繰り上げ返済して、返済期間を短縮するように考えておいてはいかがでしょうか。

Q 055

アルバイトを減らして勉強に集中したいと思っています。大学2年からでも奨学金を借りられますか？

大学生・男子

各種調査によると、保護者の仕送り額が年々減少していることが報告されています。

そのため、生活費の不足分をアルバイトで補てんしている学生は多いのですが、その結果、学業がおろそかになってしまったら、何のために進学したのかわからなくなります。

アルバイトを減らし、勉強に集中するために奨学金を借りるという判断は正しいと思います。

さて、大学や専門学校に在学中に奨学金を申し込む方法を「在学採用」といいます（Q4参照）。この在学採用は毎年春に募集があります。

奨学金は新入生だけでなく、2年次以上からでも申し込むことができるので、在籍している学生課に来年の奨学金説明会の開催時期を確認して、準備してください。

Q 056

機関保証で奨学金を借りていますが、人的保証に切り替えたいです。

大学生・男子

奨学金の申請時に、人的保証か機関保証のいずれかの保証制度を選択しなければなりません（Q22参照）。選択時には「深く考えずに機関保証を選択したけれど、毎月の保証料が結構な額だと気づき後悔している」。保護者から、ときどきこのような相談を受けることがあります。

残念ながら、**進学届を提出した後に保証制度を変更することはできません。変更できる機会は、大学や専門学校の入学直後に行う「進学届」提出時のみ**と考えてください。人的保証を選択したけれど、連帯保証人や保証人が亡くなるなどのやむを得ない理由がある場合は、人的保証から機関保証への変更が認められることがありますが、機関保証から人的保証への変更は認められないのです。

奨学金の種類や月額、返済利率の算定方式などは進学後も変更することができますが、保証制度だけは、入学直後の進学届提出時が最後の変更チャンスです。奨学金の利用を考えている保護者にはぜひ知っていただきたい点です。

Q 057

大学を辞めようと思っています。奨学金の返済はどうなりますか？

大学生・男子

中退しても、奨学金の返済が免除されることはありません。**奨学金の返済は、貸与が終了した月から7カ月目に始まります。**たとえば12月に中退して奨学金が終了すると、翌年の7月から返済が始まります。

新たな目標にチャレンジするのであればいいのですが、何となく自分に合わないといった消極的な理由で中退するのであれば、後悔することになると思います。

仕事が見つからず、返済が苦しくなるようであれば、必ず返済猶予の手続きをとってください。奨学金の返済に苦しみ、ブラックリストに載るような事態に陥れば、その後の社会生活において、大きな障害になる可能性があります。

奨学金の返済問題は、制度の仕組みだけでなく、進路のミスマッチと雇用問題が大きく影響していると考えています。他人がうらやむような有名大学でも、中退する学生はいつの時代にもいます。奨学金が将来の重荷にならないように、より真剣に進路選択してほしいと思います。

Q 058

娘は4月から社会人になりますが、奨学金の返済は、いつからどのように始まるのでしょうか？

保護者

日本学生支援機構の奨学金は、貸与終了月の7カ月後から始まります。たとえば、卒業の3月まで利用した場合は、その年の10月からです。

返済方法は、奨学金の申請時に選択した毎月同じ金額を返す「月賦返還」か、ボーナス払いのように年に2回多く支払い、毎月の額は少し低めに返す「月賦・半年賦併用返還」のいずれかです（Q54参照）。

支払い方法は、届け出た金融機関の口座から毎月27日に自動引き落としされる形になっています。

また、**在学途中で奨学金をやめる場合は、「在学猶予」の手続きをとることで、卒業後からの返済に変更することができます。**

いずれにしても、奨学金の借主は学生本人です。親子で返済時期などを確認し合い、卒業した後には、奨学金の返済が待っているという自覚を持つ必要があります。

Q
059

奨学金を返済中です。賢い返済方法があれば、アドバイスお願いします。

社会人・男性

奨学金は決められた金額を毎月返済していきますが、最長20年と長い期間の付き合いになるので、ストレスに感じる人も多いと思います。とくに、安定した仕事に就き、収入的にも余裕が出てきたのであれば、借金を早く清算したいと考える人もいるでしょう。

毎月の収入が安定しているのであれば、ある程度まとまった金額をためて、年に1回でも繰り上げ返済に努めてみてはどうでしょうか。

第二種奨学金を利用していたのであれば、月々の返済額のなかには利息分も含まれています。**繰り上げ返済することで、返済期間を短縮できるだけでなく、支払い利息を節約することにもなります**。

また、銀行などとは違い、日本学生支援機構奨学金の繰り上げ返済の手数料も無料です。繰り上げ返済の申請方法は、機構のホームページに掲載されているので、ぜひチェックしてみてください。

Q 060

奨学金を返さないとブラックリストに載ると聞いたのですが……。

社会人・男性

その通りです。日本学生支援機構奨学金を申請する際には、「個人信用情報の取扱いに関する同意書」の提出が必須となっています（Q39参照）。

この同意書は、申請者の個人情報が「金融機関などが加盟する個人信用情報機関に提供されることを了解する」という意味です。奨学金を**3カ月滞納すると、個人信用情報機関にあなたの個人情報や滞納履歴などが登録されることになり、世間ではこれを「ブラックリスト」と呼んでいます**。

また、一度登録されると、すべての返済を終えてもさらに5年間継続登録されるので、クレジットカードを作れない、家や車などのローンが組めないなど、その後の社会生活に影響がでる可能性があります。

しかし、そうならないための救済制度も用意されていますから、きちんと制度を理解しておきましょう（Q62参照）。

Q

061

奨学金で親子破産という記事を見ましたが、本当でしょうか。

保護者

奨学金で自己破産した方に直接お会いしたことはありませんが、その記事は事実だと思います。

日本学生支援機構の**貸与型奨学金には、返済猶予やその間の利息免除など返済者の負担軽減のための仕組みがあるものの、実質学生ローン**であることには変わりありません。

誤解を恐れずにいうと、日本学生支援機構の奨学金は希望すればだれもが無審査で借りられるローンです。しかも、利用者の大半が高校での予約採用で申請しています。つまり、**高校の進路指導、学校業務のひとつとして手続きが行われている**のです。生徒への説明会の際に教員は奨学金が借金であることを伝えていますが、子どもから保護者にどれだけ伝わっているかが不安です。

とくに注意してほしいのが、**利用者の半数が、親や親戚が連帯保証人、保証人となる人的保証を選択している点**です。子ども本人の返済が滞ると、次に連帯保証人となった保護者に返済が求められます。そのとき、保護者や保証人に返済能力がなければ、親子の自己破産は現実にあり得る話なのです。

Q
062

ひとり暮らしで生活し、余裕がありません。奨学金の返済を待ってもらうことはできますか？

社会人・女性

日本学生支援機構では、**返済が苦しくなった人のために2種類の返済猶予制度を設けています。**これらの救済制度の申請にあたっては収入基準が設けられていますが、基準を超えていても、扶養する家族などがあれば一定額が控除され、申請可能になることもあります。また、**猶予が認められるとその間の延滞金や利息も免除される**ので、奨学金の利用者には必ず知ってほしい制度です。

①返還期限猶予

返済を1年間待ってもらう。1年ごとに申請することで最長10年まで延長が可能。

収入基準……給与所得者（年収300万円以下）、給与所得以外の者（年間所得200万円以下）

②減額返還

月々の返済額を2分の1、または3分の1に減額し、それぞれ2倍、3倍の期間で返済する。1年ごとに申請することで最長15年まで延長が可能。

収入基準……給与所得者（年収325万円以下）、給与所得以外の者（年間所得225万円以下）

2つの猶予制度に加えて、第一種奨学金の採用者に限って**所得連動返還制度**も始まっています（Q32参照）。これは卒業後の収入に応じて返済月額が調整される仕組みで、返還期限猶予や減額返還のように適用期限が設けられていません。

しかしながら、これらの救済制度は猶予であって免除ではありません。しかも、救済制度を利用すれば、それだけ返済終了時期が延びることになります。日本学生支援機構の救済制度は抜本的な解決策ではなく、あくまでも環境改善策と考えてください。猶予期間中に自身の生活基盤を立て直すことが大切です。

高校や大学に在籍している間は、先生や職員の方々が説明会などを通して、奨学金情報を伝達する機会を設けてくれます。つまり、学生の身分である限りは、ある程度受け身の姿勢でも情報を得ることができるでしょう。しかし、卒業後は自らの責任で機構に連絡しなくてはいけません。病気や失業など正当な理由があっても、放っておくと悪質滞納者とみなされる可能性があります。

繰り返しになりますが、猶予が認められると延滞金も利息も免除されるので、苦しくなる前に必ず申請を行うようにしてください。

＊返還に関する様式、Q&Aなどは日本学生支援機構のホームページに掲載されています。詳しくはホームページにアクセスしてご確認ください。
日本学生支援機構【http://www.jasso.go.jp/】

Q
063

奨学金を踏み倒せるってネットに書き込みがありましたが、本当ですか？

社会人・男性

いやいや、そんな無責任な話を本気にしないでください。日本学生支援機構の奨学金には税金が投入されているうえ、返済金が次の世代の奨学金に使われます。

仮に奨学金を踏み倒したとしたら、まったく責任のない後輩や将来の子どもたちが困る可能性があることを考えてください。

奨学金を滞納した場合のリスクは次のようなものです（図⑧）。

①まず、奨学金の返済を怠ると**滞納3カ月までは、日本学生支援機構が奨学生本人や連帯保証人、保証人などに対して、文書や電話で返済の督促**を行います。

②そして、**滞納が3カ月を過ぎた時点で、奨学生の個人信用情報が、信用情報機関へ登録**されます。個人信用情報機関については、108ページのQ39で解説しているので参考にしてください。

③さらに、**滞納4カ月目からは日本学生支援機構の手を離れ、サービサーと呼ばれる民間の債権回収会**

図⑧　滞納したときのリスクの流れ

延滞1カ月→2カ月→3カ月	4カ月→8カ月	9カ月
日本学生支援機構	債権回収会社に回収委託	裁判所
文書、電話督促 保証人への 連帯保証人 本人 機関登録 個人信用情報	文書、電話督促 保証人への 連帯保証人 本人	予告発送 支払督促申立 差し押さえ等

社に回収業務が委託され、引き続き督促を受けることになります。

④それでもなお滞納が続くと、**9カ月目には裁判所に支払督促の申し立てが行われ、給料の差し押さえなど、法的措置の手続きが取られる**ことになります。

この流れをみれば、奨学金を滞納し続けた場合のリスクがいかに大きいか、踏み倒すことなどできない仕組みになっているかがわかると思います。

返済が苦しくなったときのリスク対策である返済猶予制度については、136ページのQ62に解説していますので参考にしてください。

Q
064

自分が自殺したら、奨学金の返済で、親に迷惑をかけてしまうのでしょうか？

高校生・男子

これは講演後に、ある男子高校生から受けた質問です。聞いたときは一瞬ふざけているのかと思いましたが、彼の目は真剣そのもの。少しつっ込んで話をくと、彼の家は母子家庭で生活に余裕がないうえ、さらに妹がいることがわかりました。

奨学金を借りて大学に進学したあとはがんばって返すつもりだが、もし返済途中で自分が死んでしまったら、お母さんや妹に迷惑をかけないか。そんな不安にかられて、思わず質問してしまったそうです。

考え過ぎだと笑う人がいるかもしれませんが、私の心に突き刺さった質問でした。日本学生支援機構の奨学金には、返済の猶予制度はあっても、大学院生向けの一部のものを除き、返済免除制度はありません。ただ、日本学生支援機構のホームページには、次の場合に限り、返済免除されると記載されています。

■死亡又は精神若しくは身体の障害による返還免除

次の場合、願出により返還未済額の全部又は一部の返還が免除される制度があります。

①本人が死亡し返還ができなくなったとき。

②精神若しくは身体の障害により労働能力を喪失、又は労働能力に高度の制限を有し、返還ができなくなったとき。

見方を変えれば、**本人が亡くなるか、高度障害により社会生活を送ることができなくなる以外は、返済が免除されない**ということです。

今回の男子高校生に対しては「大丈夫、お母さんや妹には迷惑をかけないよ」となるのでしょうが、これではあまりにも悲し過ぎる回答です。日本弁護士連合会貧困問題対策本部のレポートでは、病気で寝たきりとなった娘の奨学金の返済に苦しむ保護者の悲痛な声などが報告されており、返済免除申請にいたるまでのハードルの高さを感じます（奨学金問題対策全国会議【http://syogakukin.zenkokukaigi.net/】）。

厚生労働省によると、うつ病などの患者数は95万人を数え、潜在患者数は250万人を超えるといわれています。高度障害までいたらずとも、精神的な病を患い仕事に支障をきたしている人は数多くいるでしょう。

また、それらの人にとって、奨学金の返済が病をさらに悪化させる要因となるならば、奨学金ではなく〝障学金〟と呼ばれても仕方ありません。返済金が次の世代の奨学金へと循環されていく仕組みであることは重々承知していますが、返済免除要件の緩和についても、真剣に取り組む時期にきていると考えています。

コロナ禍の混乱のなかスタートした大学無償化

本書の2020年度版は2020年1月30日に出版されました。2020年度版を執筆した最大の動機は、大学無償化法とも呼ばれる「高等教育の修学支援新制度」の創設にあります。当時の安倍政権下の目玉政策のひとつとして突然打ち出された大学無償化法は2019年5月に成立しました。低所得世帯の大学生などに給付型奨学金と学費減免の両面で支援するもので、2020年度からの開始が決定しました。その財源には10％に引き上げられた消費税収分が充てられます。

法案成立から制度開始まで1年を切るという異常事態のなか、実施窓口となる日本学生支援機構、当事者となる大学や短大、専門学校は対応に追われました。その影響は奨学生を推薦する高校現場にも及び、何人もの教員から相談を受けました。

突貫工事での制度設計ゆえ詳細が見えないまま、新学期に間に合わせようと不安を抱えながら原稿に向き合っていたことを思い出します。ところが、2020年度版が世にでたまさに1月30日、WHOは中国の武漢から発生したとされる新型肺炎を「国際的緊急事態」と宣言しました。その後、新型コロナウイルスが世界中に与えた打撃と日本でも2度発令された緊急事態宣言が社会経済に与えた影響については、ここで語るまでもないでしょう。

当初春休みまでとされた小中高の臨時休校も長引き、全国の8割以上の公立高校では5月末まで休校措置をとりました。皮肉なことにこの年、日本学生支援機構の予約採用の申請期限が1学期のみとなっていたのです。そのため、校内で奨学金説明会が満足に実施できず、奨学金の申込書類を生徒の家庭へ郵送のみで済ませる高校もありました。影響を受けたのは大学生も同じです。

講義のオンライン対策ばかりが取り上げられましたが、キャンパスが封鎖されたために対面相談ができず、電話や郵送で奨学金の手続きおこなった新入生も多かったでしょう。

文部科学省でも「学びの支援緊急パッケージ」として、在学生への経済支援策を打ち出しました。経済的理由での中退者の増加が心配されましたが、2020年12月時点での中退率は前年同期を下回っていたことが同省の調査で判明し、支援策が一定の効果を発揮したと推察されます。

学びの支援も大切ですが、大学生以上に影響を受けたのが高校生の就職です。厚生労働省によると2021年3月卒の高校生の求人数が前年比20・7%減、とくに高卒者の大きな受け皿である宿泊業・飲食サービス業にいたっては45・9%もの減少率です。

リーマンショック時もそうでしたが、高卒就職が厳しくなると専門学校などへ進路変更する生徒が増加する傾向が見られます。高校卒業後はお金を稼ぐつもりであったのに、学費を払う立場に急に変わってしまい慌てる家庭も多かったはずです。

ワクチンが行きわたり世の中が安全と安心を獲得するまではまだまだ時間がかかりそうです。不安を抱えながら2022年度入学者用の奨学金の募集がおこなわれます。さらに懸念されるのが景気の悪化です。2013年度をピークに減少していた奨学金の利用者数が再び上昇することが考えられます。先行き不透明な時代だからこそ、奨学金にはこれまで以上に丁寧に向き合っていかなければならないと心しています。

2021年3月　奨学金アドバイザー　久米忠史

■著者

久米忠史（くめ・ただし）

奨学金アドバイザー
1968年生まれ。株式会社まなびシード代表取締役。
奨学金アドバイザーとして2005年から沖縄県の高校で始めた奨学金講演会が「わかりやすい」と評判を呼び、全国で開催される進学相談会や高校・大学等での講演が年間150回を超える。
公式サイト「奨学金なるほど！　相談所」https://shogakukin.jp/

編集協力　塚越小枝子
カバー＆本文デザイン　吉村朋子
組　版　株式会社キャップス
イラスト　おのみさ

奨学金まるわかり読本 2021
借り方・返し方・活かし方徹底アドバイス

2021年4月15日　第1刷発行

著　者　久米忠史
発行者　坂上美樹
発行所　合同出版株式会社
東京都小金井市関野町1-6-10
郵便番号　184-0001
電話　042-401-2930
振替　00180-9-65422
ＨＰ　http://www.godo-shuppan.co.jp/
印刷・製本　惠友印刷株式会社

■刊行図書リストを無料進呈いたします。
■落丁・乱丁の際はお取り換えいたします。

ISBN978-4-7726-1461-0　NDC373　210×148